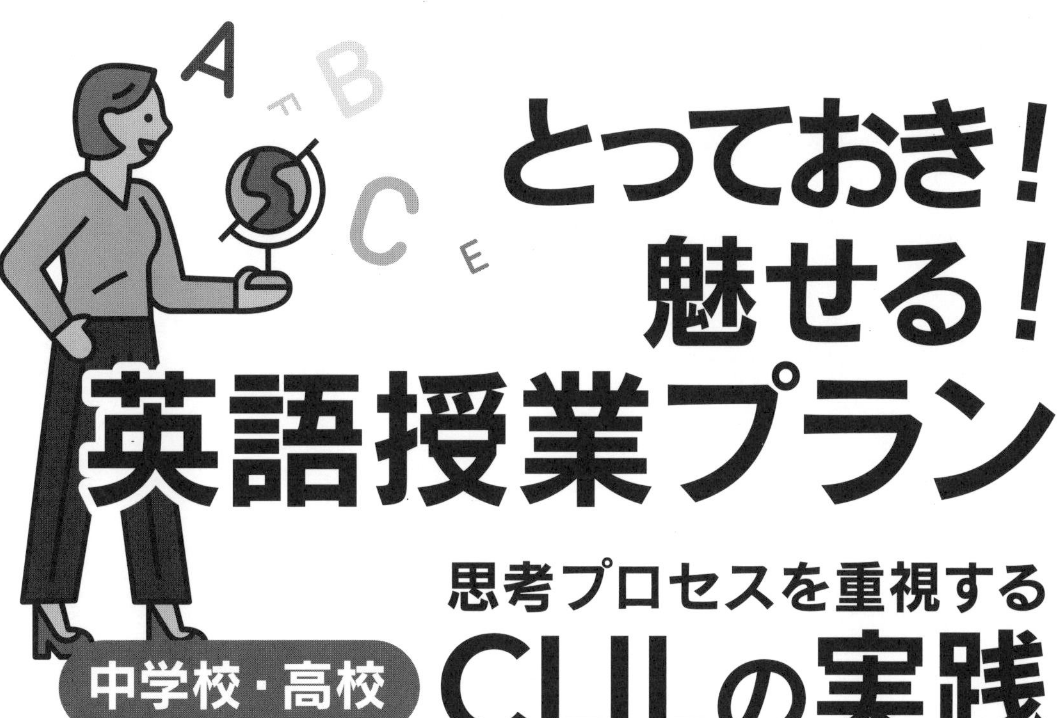

とっておき！魅せる！英語授業プラン

中学校・高校

思考プロセスを重視するCLILの実践

教科の学習内容を深め，英語力を磨く指導法

柏木 賀津子／伊藤 由紀子　編著

明治図書

CLILで目指すこと

CLIL（内容言語統合型学習）は，学校教育に必要となる「考える力」と「言葉の力（英語などの母語以外の言語）」の両方を教えることができる指導法です。だからこそ，CLILに取り組んでみた教師は，「この学び方は自分も学校で経験したかもしれない。」と思い当たるかと思います。

筆者らは，CLILについて次の２つの定義（AとB）を提案し，どちらもCLILで，それらは綿密に分ける必要はないと考えています。しかし，日ごろから新しい発想で授業をするには，まず，Aの方法から始めると良いと思います。CLILの授業に取り組んでいくことで，教師は，生徒の汎用的なスキルや新しい学力を育てることが出来ることに気づくでしょう。その段階がきたら，Bの定義を考えてみましょう。

定義A
CLILは、学習者が特定の教科またはテーマを学習することを通し、内容理解と目標言語の運用能力、学習スキル、思考力の向上を同時に進める学習方法である（Coyle, Hood & Marsh, 2010）。英語を母語としない学習者が、母語でないもう１つの言葉（ここでは英語とするが、他の外国語も対象）で学ぶ。

４つのCとは，Content（教科等の内容），Communication（言語知識・対人スキル），Cognition（批判的・論理的思考），Culture & Community（協同学習・地球市民意識）の要素を含む学習の方法です（Bentley, 2010）。CLILでは，言語学習では欠けてしまいがちになる学習者自身の意欲を引き出す可能性があり，学習者どうしのコミュニケーションを通して，自身の発見と高い認知操作を促すとされています（笹島，2011）。

内　容　＋　言　葉　＝　言葉による内容の理解＋α

定義B
CLILは、高い言語運用力と自信、強い動機付け、様々な方法による言葉の使用、複雑な情報に対応する力を育てる教育のアプローチであり（**言語力育成**）、異なる言語や文化を持つスピーカーどうしが協働して、地球に起こる様々な諸問題を共に解決する力を培うための指導法である（**21世紀型スキル育成**）。

もくじ
Contents

中学校英語のまとめ時期の文法や表現を使って

高校英語の文法や表現を使った発展的な取り組み

コラム

資料

本著に関して，教材などの補足資料は，こちらから参照いただけます。

第1章

思考プロセスを重視するCLILの英語授業とは

中学校・高校での CLIL の授業のつくり方

CLIL の枠組みでは，次のような手順で英語を使って教材化することが可能でしょう。

【問題を解決するプロセス】

① 実験や調査など行動を通して記録を取る（Doing）→

② 問いを持つ（Research Questions：RQ）→

③ 情報を整理・分析する（Organizing and Analyzing Information）→

④ 原因と結果を考える（Cause and Effect）→

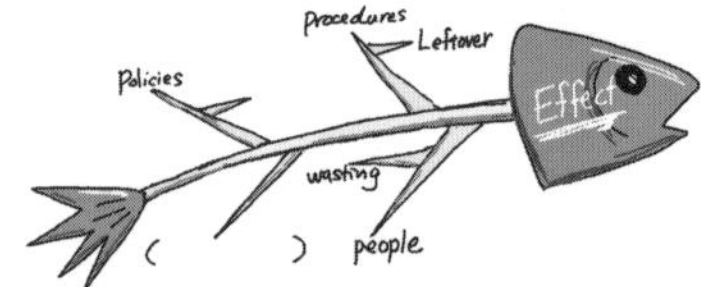

⑤ 説明をする・議論をする（Explaining・Arguing）→

⑥ 社会と繋ぐ・他の場面で応用・発信する（Transferring）→

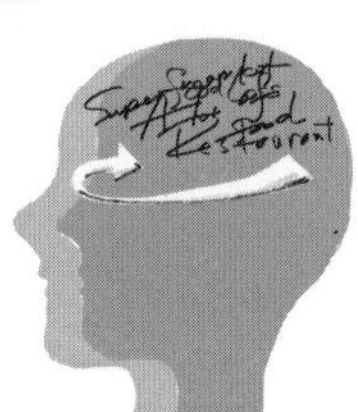

学んだ知識を転移スキル（Transversal Skill）にするためには，学習者は本物の実践（Practice）を経験し，その教科ならではの特別な言語（Subject-specific Language）を使いながら，物事を認知的に捉えるように学習を仕掛けます。CLILにおけるより深い学び（Deeper Learning）は，学習者がどのように理解しているかを，授業中の認知的な談話機能（Cognitive Discourse Functions）から観察することが大切です。例えば，科学の内容をCLILで学ぶ場合には，学習の認知的なエコロジーのプロセスは下図のように提案されます（美術の内容ならばDoing Art，環境問題ならEco-friendlyなアクションを考えると良い）。

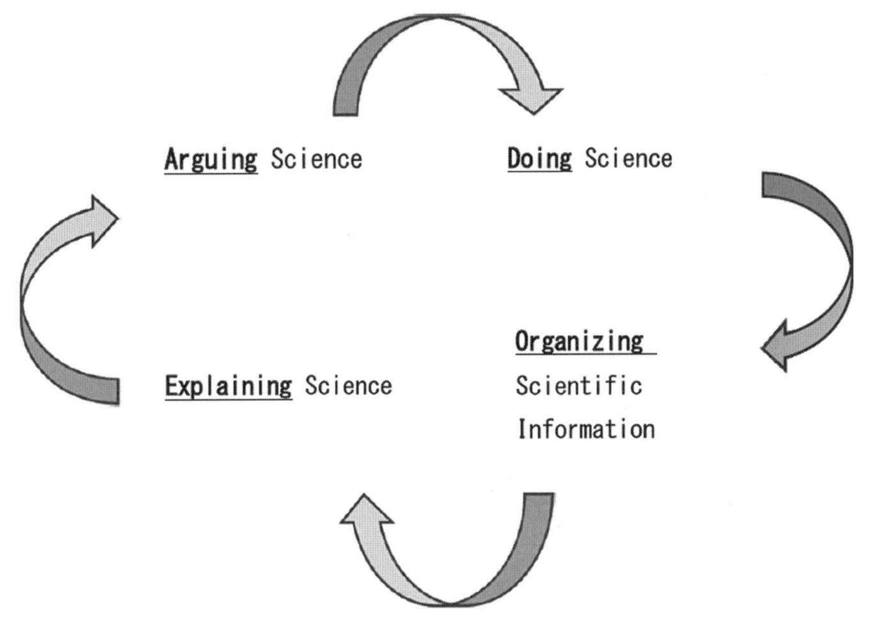

図　Coyle, Halback, Meyer & Shuck.(2017) より取得
参照：https://pluriliteracies.ecml.at/

下記にCLILの授業事例を紹介します。

「日本の豪雨と災害」についてCLIL授業作成例

最近の地球の問題として，「異常気象—Extreme Weather」が挙げられます。このトピックを例に**【Doing → Research Questions（RQ）→ Organizing → Analyzing → Explaining → Arguing → Transferring（転移・応用）】**の流れで，生徒が取り組む授業を開発してみましょう。

・**【Doing】**

日本の異常気象について，被害の多かった地方の総雨量グラフを調べ日本地図に関連付ける（In Hiroshima, they had a lot of heavy rain.）。

・**【RQ】**

RQを決める（例：豪雨が身近に起こった場合はどのような行動をとるとよいのだろうか）

(What action should we take？)。

— (ここまでの内容を，英語のティーチャー・トークで聞かせる)

— (生徒も情報を集められるよう，参照サイトを選ぶ)

・**【Organizing】**

RQ について情報を収集して整理する（日本語でもよい)。気候についての英語の語彙や表現をリストアップしておく。豪雨による現象の危険度を表にして，RQ について，日本に住む外国の方にも英語で伝えられるような表現を，生徒の英語レベルに合わせて絞っておく（CLIL では，スピーキング・フレームとして提示)。

— (What action should we take if the caution is at level 2？)

・**【Analyzing】**

地球に視野を拡げ，世界にも異常気象が起こっているのか，英文の情報やニュース，YouTube（英語）の映像などを教材にし，ざっと要点を読ませる教材（skimming 教材）や，最も重要な情報を掴み，真偽を問うクイズ（True or False）の例を作成しておく。

— (生徒は教師のデモンストレーションから学びながら，考える)

・**【Explaining】**

RQ で考えた，豪雨のときのとるべき行動について，防災グッズやハザードマップなどの教材をもとに議論し「原因と結果のダイアグラム（Cause and Effect Diagram)」に表して説明や発表をする（We think that deforestation causes floods when we have heavy rain. / Heavy rain causes landslides.)。

— (行動については，５つの警戒のレベルを，ハザードマップを使って，should not-must-should-need の助動詞を使い分ける)

—豪雨の警戒レベル別にグループで担当して発表し合う。

—豪雨の「原因と結果」について，図のようなグラフィックオーガナイザーを使って意見を出し合う。

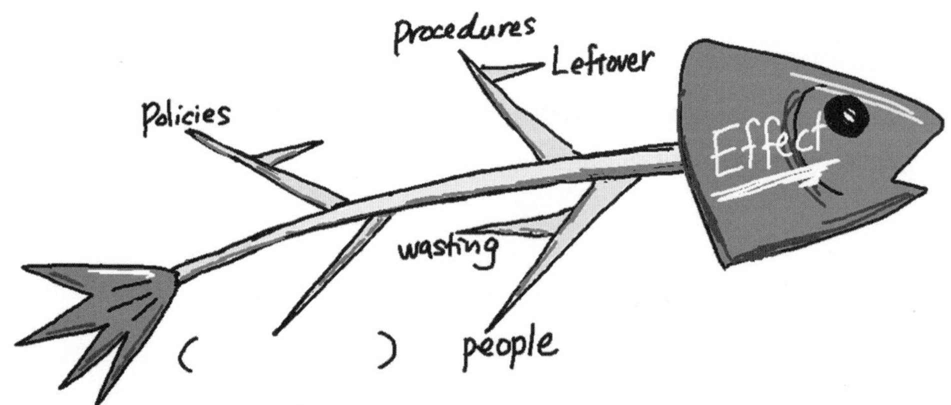

図　グラフィックオーガナイザー（原因と結果）Fish Bone Diagram　(「食品ロス」の例)

・【Arguing】

説明や発表について質問や議論を行う。また生徒の英語の発話がまだ難しいときは，「紙芝居形式のパワーポイント」「ポスター発表」「ギャラリートーク（互いの説明を壁に貼ってコメントを付け合う）」など，無理にアウトプットさせすぎず，小規模の対話の工夫をする。使えるスピーキング・フレームを，ワークシートで配布したり，壁面に掲示したりしておくと良い。

・【Transferring】

上記のような「学び方を学ぶ」授業を通して，生徒は，何をどのように集め，人に伝え，答えのない問いについて議論するか，またその際の英語表現は，どのようなものがあるか，経験的な手続きを通して学ぶので，全く異なる場面においても，問いを創ることから始めやすくなる。これを「学び方の転移」と呼ぶ。

近年，日本は自然災害の多い国となっています。異常気象の原因や各地の被害について，生徒らは，自分はどんな行動を取るべきか，未来がどうなるのか関心を持っています。他地域の被害を自分のこととして捉えて考える社会的な視点を育てたいものです。

Alert Level	Action	
5	You (should) not move.	(>_<)
4	You (must) evacuate.	↑
3	Elderly people must evacuate.	
2	You (should) check the hazard map.	↓
1	You (need) to prepare for disasters.	('_')

図　異常気象における自分たちがとるべき行動を考えるワークシート例
（避難勧告の警戒レベルを参考に，大学院生が模擬授業で英語作成）

気象庁（きっずコーナー：e 気象台）では，世界の異常気象や，豪雨予報について，リアルタイムのリスクマップ等を英語でも見ることが出来ます。

（参照）https://www.jma.go.jp/jma/indexe.html

また，海水レベルの上昇や砂漠の黄砂，竜巻など，他の国でも同じように人々が工夫して災害に備えていることに目を向けさせるとよいでしょう。

下の文は The red sun の英文例です。

> The U.K. experienced a red sun.
>
> Strange weather is a worldwide phenomenon. One of the strangest happened in the United Kingdom in 2017.The phenomenon of a red sun was seen across England. It was due to tropical air and Sahara Desert dust remnants resulting from Hurricane Ophelia. The dust caused light to refract and reflect in longer wavelengths, which led to the red sun's appearance.

英文例　世界の異常気象（BBC, 2017）

上記のような流れで，生徒の毎日の生活と身近に結び付いた内容で，プロセスを創るのです。「異常気象」の CLIL 例では，英語面では助動詞を使い分け，調査（Survey）では，降雨量のグラフを読みとり，最高値（Maximum Value），平均値（Average Value），災害時の行動などの教科特有の言語 (Subject-specific Language) を学ぶことができます。この学び方は，教科書やプリントで，You should ～./You must ～. の助動詞の文法の説明を受け，練習問題を解く方法とは，根本的に異なります。社会に生きるための学び方を学ぶので（How of Learning），自発的に現象を概念化していくこと（Conceptualization）の手続きを経験します。思考が深まる場面では，同時に目標とする構文や表現を絡めて学んでいきます。生徒たちは，最初は，内容と言語の両方を一緒に学ぶことを，「難しい」と感じることもありますが，やがて，そのような学び方の面白さに気づき，物事のパターンや仕組みを自分で見つけるという学び方に慣れてくるでしょう。教師は学びのプロセスをプロアクティブに予想して CLIL 授業プランを立て，生徒の反応から修正したり補ったりしていきます（Repairment）。語彙や文法については，内容に慣れ親しんだところで，すぐに使える構文フレームとして指導するとよいでしょう（Kashiwagi & Kobayashi, 2019）。

それでは，この流れの具体的な実践例を，本書で紹介していきます。

（文：柏木 賀津子，イラスト：伊藤 由紀子）

21世紀型スキルとして求められる力を育むCLIL

1 AIにも苦手なことはあるの？

今後10年～20年程度で，47%の仕事が自動化し，子どもたちの65%は，大学卒業後，今は存在していない職業に就くと言われます（キャシー・デビッドソン教授，ニューヨーク市立大学)。それでは逆に，自動化出来ない仕事とは，どのようなものでしょうか。

AI（人工知能）はデータとアルゴリズムで判断します。そのデータはこの世の人間の営みです。極端に言えば，人間が自然を破壊してごみを出し続ければ，その営みはAIにデータとして取り込まれます。AI科学者であるJanelle Shane氏は，TED Talks（“The danger of AI is weirder than you think”）で，「AIが美味しいそうなアイスクリームをデザインしたらどうなったと思う？」と問いかけます。そしてそのアイスクリームの絵を見せると，TED Talksの聴衆はすっかり安心していました。それは，ごみを山盛りにしたような形で，色もちっとも美味しそうでなかったからです。しかし，同じ問いを８歳の子どもにしたら，たちまち美味しそうなアイスクリームの絵を描くでしょう。教えたわけでもないのに，美味しそうなアイスクリームのデザインを創り出すのは何故なのでしょうか。幼いころからの「味，舌触り，匂い」という「手続き的な知識」を，人間は新しい場面で転移出来るのです。

手続き的知識：	手続き的知識とは，行為に関する知識のことで，自転車の乗り方や，実験のプロセスなど，繰り返し意識せずに手続きをとおして学ぶ。そのプロセスに似ている場面に再び遭遇した時には，「転移」。知覚したイメージが心の中で「表象」となりえる。これに対比して，宣言的知識は，言葉で説明できるような知識である。情報は意識的に保持され，「AならばBである」などの形で表現される。

人間が得意な分野は，人の感情を読み，行間を読み，答えのない問題について複数の情報を組み合わせて協働したり，豊かで楽しいものを創造したりするデザインの力だといいます。**AIは「新しい組み合わせ」は苦手ですが，人間はこのことが得意です。**21世紀の学校は，AIが取って代わり一瞬にしてやってのける暗記や計算に，これからも大半の時間を充てるべきで

しょうか。基礎的な学ぶ力を大切にしながらも，人間が得意な分野に時間をかけるべきではないでしょうか。「母語で学ぶ理科や社会なら出来そうだが，日本の生徒が英語でそれをするのは無理がある。」という印象があるかもしれません。しかし実は，このような，「感情・解決・協働・創造・楽しむ・考える」を英語で取り入れることは，英語初級者でも可能です。それを実現するには，教える側の教師が，教える生徒たちの発達段階を考慮し，母語とは異なる言語（ここでは英語）を学ぶための第二言語習得理論をよく理解し，英語指導のあらゆる有効な方法を縦横に組み合わせて，生徒の学びをサポートするような指導法に変えてみる必要があります。

本書は，学び方・教え方の転換を図るCLILの指導法について，基本的なポイントをまとめ，CLILの授業事例や，生徒たちが習いたての英語でも「新しい組み合わせ」を考えることがいかに得意であるかを活かした実例を紹介します。生徒が「英語だから出来ない」と決めてしまうかどうかは教師1人の教え方の転換にかかっています。

2 学習指導要領が目指すこと

全面実施となった学習指導要領「主体的・対話的で深い学び」については，次のように述べられています（文部科学省，2017年）。以下，キーワードをまとめます。

・「主体的な学び」

学ぶことに興味や関心を持ち，自己のキャリア形成の方向性と関連づけながら，見通しを持って粘り強く取り組み，自己の学習活動を振り返って次につなげる。

・「対話的な学び」

生徒同士の協働，教職員や地域の人との対話，先哲の考え方を手掛かりに考えること等を通じ，自己の考えを広げ深める。

・「深い学び」―習得・活用・探究という学びの過程の中で―

各教科等の特質に応じた「見方・考え方」を働かせながら，知識を相互に関連付けてより深く理解したり，情報を精査して考えを形成したり，問題を見いだして解決策を考えたり，思いや考えを基に創造したりする。

冒頭で述べてきた，「人間が得意なこと」「どのように学ぶか」を重視する21世紀型スキルを，学習指導要領において目指すということは，グローバル社会において，教育改革に向かう世界の潮流と密接に関係しています。

3 21世紀型スキルとは？

ファデルら（2016）は，21世紀に向けて生徒らが必要になるスキルを，次の４つの次元に分けています。最初の３つを結ぶ中心点が，以下の４つめの「メタ認知」の力です。これからの時代に必要となる力は，次のようなものだといえます。

① 個別の知識技能（何を知り，何を理解しているか）
② スキル（知っていることをどのように使うか）
③ 人間性（どのようにふるまうか，どのように世界と関わるか）
④ ①～③について，メタ学習（どのように省察し，どのように適応するか）

そこで，これらの力を育むための21世紀の教師に必要となるスキルを，ファデルの主張から教師向けにまとめたものが次の表です（柏木作成，「21世紀型スキル『グローバルポートフォリオ55項目』」より抜粋：参照先 https://www.kashiwagi-lab.com/clil-中-高校）。

この表を読むと，「いくつかの取り組みは自分も行っている。」と思われるのではないでしょうか。教科連携や CLIL も，最初からそれが出来る教師は少なく，徐々に工夫や改善をする学び続ける教師であることで成長していきます。表の４番目（**多様性や積極性**）や５番目（**専門分野を超えた協働**）は，CLIL の授業づくりに大切な力であり，６番目（**粘り強さ，答えの出にくいもの，調整へのレジリエンス**）については，それらもまた自らの学びであると捉えることが出来るとよいでしょう。

授業を創る教師として，たとえば，表中のＡ－４（**身の回りの科学的現象を理解・発見し，社会に貢献するデザインを考える**），Ｄ－６（**生徒が異なる文化を持つ集団の中での交渉スキルを身につけ，答えの出にくい曖昧さに粘り強く対応する場を提供する**）の力を培うような授業場面を，全ての教科を関連させて取り入れていく必要があります。特に英語の授業では，今まで，生徒らが「英語を間違えないように」と，失敗する機会を与えず，最初から正しい英語が話せることを求めていなかったでしょうか。CLIL は，「よりよく楽しく生きるために英語を使う」，「地球の未来のための科学表現を使ってみる」，「ニュースや社会の情報の信憑性を見抜くために複数の情報を読み，議論する」など，問題解決力や批判的思考力を働かせた授業を，英語に取り入れていく方法でもあります。

ここでは**A：基本的な力，B：人間性・対人関係，C：メタ学習・転移スキル，D：グローバルスキル**に分けています。経験を積むにつれて，教師は初任者のころより様々な人間性やスキルを高めていきます。

	A　基本的な力	B　人間性・対人関係	C　メタ認知・転記スキル	D　グローバルスキル
1 伝える	自分の言いたいことを相手に分かりやすく伝える。	自分より経験の少ない同僚や後輩の相談にのる。	自国と他国の文化・発展・課題を学び，周囲の人にもその学びを伝える。	英語（外国語）で，相手の言いたいことを聞いたり，自分の言いたいことを伝えたりする。
2 方法	デジタルスキルを使いこなし，仕事に活用する。	職場や授業でリラックスした雰囲気づくりをおこない，生徒の興味を引き出す。	職場や授業で協議した結果やアイデアを図式化・視覚化して他者に分かりやすく伝える。	人類の共通課題について，先進国や発展途上国などの複眼的情報や，一定量の外国語の文献や図表から新しい知見を得て自教材を創る。
3 関わる	人間関係作りやチームワークの対立の解消をしながら，互いを高め合う。	職場全体の構成員が長期プランを持って学び合う環境を作る。	ポジティブな変化を成し遂げようと試みる人との関係で，倫理的なプロセスを重んじる。	言葉や文化が異なる同僚（外部人材や ALT など）の視点を理解し，意思疎通を図り，共に働く。
4 多様性	身の回りの科学的現象を理解・発見し，社会に貢献するデザインを考える。	地域のネットワークを広げ，多様なものの見方を持ち，柔軟な対応をする。	問題解決にあたる際に，１つの情報だけでなく複眼的な情報を分析し，公平な判断をする。	英語（外国語）でアクティブ・ラーニングを進め，生徒中心の活動や生徒間のやりとりを支援する。
5 協働	自分とは異なる意見を持つ人のアイデアに耳を傾け，意思疎通を図り，共に働く。	職場全体の構成員が専門性を尊重し，互いにその成果を公平に認め合う。	人類の共通課題について，自分の専門分野を超えて関心を持ち，広い視野で考える。	他分野の教師と協力して，教科横断的なプロジェクト課題を計画し進める。
6 レジリエンス	人間関係作りやチームワーク，対立の解消をしながら，互いを高め合う。	学級や授業で予期できない状況が生じた場合でも，指導を調整して対処することは重要である。	逆境的なプレッシャーがあっても我慢して相手の意見を聞き，明晰な思考を失わず合意点を示す。	生徒が異なる文化を持つ集団の中での交渉スキルを身につけ，答えの出にくい曖昧さに粘り強く対応する場を提供する。

ファデルら（2016）より筆者が分類しまとめたもの

4 21世紀型スキルとして求められる力を育むCLIL

CLILは，今から25年ぐらい前にフィンランドで生まれ，先駆者としてMehisto, Frigols, Marshらは，CLILの枠組みにおいての現場の教師に向けた教材開発を行いました。「良いCLILの実践とは，認知的な思考があること。」と述べており，考えるスキル（Thinking Skill）とは，理由付け，創造的な思考，価値を判断すること，と定義しています（Mehisto, Frigols & Marsh, 2008)。その指導概念に共感した欧州の国々の教師たちが，さらに自分の学校で実践してその効果を検証してきました。

筆者は毎年，CLILを活用した大学での海外教育実習に取り組んでいます。毎年秋に，フィンランドの学校や大学を訪問して教師らと対話することがあります。英語（L２）の言語教師（Language Teacher）として，「わたしの教師人生25年は，ほとんどCLILの教材を創ってきた。CLILでは生徒が創造的に考える時間があるのでやりがいがある。逆に英語の決まり文句のやり取りだけでは，自分がもはや納得できない。」という教師もいれば，「CLILは良いと思う。でも私は，CLILの指導を勉強していないから，教えるなら学び直さなくてはいけない。自分はデジタル教材を使ってペアワークを取り入れているがCLILはまだよく分からない。」という教師もいます。一方で，美術や理科などの教科内容を海外にも広めたいとCLILを教える教師（Subject Teacher）もいます。CLIL発祥の地フィンランドでは，2020年より新学習指導要領が導入され，「全ての教科の教師は言語の教師である。」と定義づけられました。つまり，理科を教えるにも体育を教えるにも，科学的表現，運動，健康等の表現が必要で，フィンランドの教師は母語と母語以外の言語指導も出来るようにということです。今日の学校では，英語だけ，教科だけではなくなりつつあり，学校教育に必要な教育のアプローチとしてCLILの発展が見られます。カナダやオーストラリアのように母語として英語を学ぶ国においても，CLIL発想の指導法を取り入れる教師が増え，TESOL指導法を身につける際に，第二言語習得理論やタスクベースト・アプローチ等と共に，CLIL指導の理論と実践も修得するケースが多くなっています。

5 日本のCLIL授業で21世紀型スキルを育てるには

生徒たちが，将来に学校で学んだことを，異なる場面で「転移」し「活用」出来るような，自立した社会人になってほしいという願いは，世界に共通です。地球上に起こる予測できない問題を解決するために，「学び方」を転移することができるよう，CLILの指導法は長い時間をかけて工夫されてきたのです。Coyle, Hood & Marsh（2010）は，深い学び（Deep Learning）とは，「既に知っている概念を結び付けて新しい考えを批判的に分析し，そのことで，長期間の学びを保ち，異なる文脈での問題解決が出来ることに繋がるような学び」だとしています。逆に浅い学びは，情報を受け止めるのみで事実や本物と結びついていない学びだとしています。

しかしながら，日本の学校でCLILを指導する際には，英語で行われる授業の内容がある程度理解可能になるよう，音声による教師のトークに耳を傾けることができること，つまり，生徒がインプットの音声と意味を結び付けることが出来ること（Form-meaning Connections）や，文脈の中で出会う単語や表現への推測がある程度できるというレディネスを育てておく必要があります。フォニックス指導などで意味のある文脈の中で出会う新しい単語の読みをある程度推測できるよう，読み書きについて段階的な指導をしてきたかがポイントになります。暗記中心の語彙学習や読みの方法では，考える学習者にはなれません。内容と言語を両面から指導するためのイメージを下図にまとめています。左側が内容であり，右側が言語ですが，この2つも同時に授業の中に取り入れます。生徒は最初は少し難しく感じるのですが，「やりがいがある」「おもしろい」と，このような学び方に馴れていくでしょう。また，CLILでは，豊かな教師の英語の語り（Teacher Talk）によって文脈の中で未知の単語に出合います。Teacher TalkのコツやCLILと文字指導については（柏木・伊藤，2020）を参照してください。

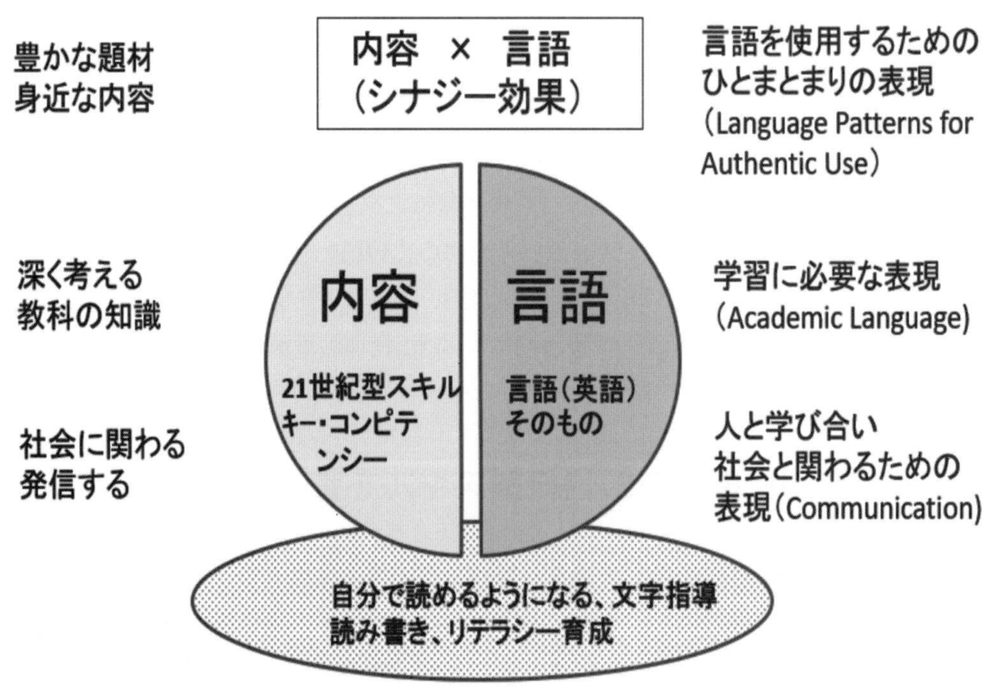

図　CLILにおける内容と言語（筆者作成）

CLIL の内容×言語

CLIL では，生徒がどんなプロセスで学び，どの程度内容を理解し，自分の指導が良かったかどうか，教師も省察をしていくことが必要です。生徒がより自己効力感を持つメタ学習を促進することが大切となります。そこで着目される４つのＣとは，内容（Content），認知（Cognition），コミュニケーション（Communication），文化（Culture & Community）です。また，さらなるＣ：文脈（Context），協同（Cooperation），創造性（Creativity），選択（Choices），外界と繋がること（Connections with outside world）があります。以下に代表的な４つのＣについて述べます。

・Content：言葉を使う必要のある内容や教科で，その内容は Teacher Talk や実物などをもちいて理解できる方法で示す。生徒にとって背景知識がありタイミングが合っているものが良い。

・Communication：内容や教科のために言葉をツールとして使う。教師よりも生徒が話すチャンスが確保されている。生徒はペアやグループで話し合うなどやりとりがある。

・Cognition：問題解決において，生徒が理由付けやクリエィティブな考えを持つようにする。内容について考える場面では，必要となるチャンクや文構造に何度も触れ，スピーキング・フレームの一部を言い替えながら自分の考えを表現する。

・Culture & Community：自分と他者，自分と社会への気づきを持ち，地球市民として多様な文化や考えを比べたり繋いだりしながら複雑な問題を解決する。

CLIL で注目する思考スキルには，大きく分けて２つあり，HOTS はより大切なスキルになります（高次の思考スキル：Higher Order Thinking Skills ＝ HOTS，低次の思考スキル：Lower Order Thinking Skills ＝ LOTS）。

・HOTS：「なぜか／なぜ…ではないのか」「どうすればより良く出来るか」を育てるために教師がする発問は高次の思考スキルを育てる。➡ここで育つ能力は認知学力言語能力（Cognitive Academic Language Proficiency：CALP）である。抽象的でよく考えないと答えが出ないことについて仮説を立て，事実を解釈するなどの学習言語の力を指す。

・LOTS：単なる記憶・並び替え・定義づけ・理解チェック等の発問は低次の思考スキルを育てているに過ぎない。➡ここで育つスキルは基礎的対人伝達スキル（Basic Interpersonal Communicative Skill：BICS）である。会話でパターン練習，相手に伝える練習，具体的な作業などをするが，ここに考えるという必要は生まれない。

カリキュラムマネジメントの概念と CLIL

1 カリキュラムマネジメントの概念

学習指導要領における「社会に開かれた教育課程」では，何を学ぶか（What of Learning）だけでなく，どう学ぶか（How of Learning）に注意を向け，「思考力・判断力・表現力」の統合的な実現のために，カリキュラムマネジメント（CM）が日本でも学校教育に取り入れられるようになりました。遡る1930年代のイギリスで，学校教育のカリキュラムは，獲得すべき知識だけでなく，人間の経験という資源に出会わせ活動の意味合いで考えられるべきである。（Hadow レポート）と述べられましたが，それでも教育において計量的な成果が問われる局面は世界で見られてきました。中央教育審議会の答申（2016）では，新学習指導要領の指導改善における CM について次の提案がされ，教師間の協働や柔軟な組織開発力に CM が委ねられています。

- 「生徒に育てたい力」を策定し目標達成のために必要な教育の内容を**組織的に配列**していく。
- 生徒一人の視点からみて，類似の内容をばらばらでなく**系統的に教科横断**で学べる。
- カリキュラム決定は，**検討・評価・開発**を経て採択する。評価は，「何が出来るようになったか」を**多角的なパフォーマンス評価**で行う。PDCA サイクルで改善を続ける。
- カリキュラムを決定するプロセスは，他から示されるというよりは，**「学校の自律性」「教師の協働と力量」**が必要であり，その学校全体で検討し，また，地域のプロパティを活かす。

現代的な諸課題に対応して求められる資質・能力として以下が挙げられています。また，国連サミットで採択された17の接続可能な開発目標（SDGs）があります。これらの課題について，１つの教科のみで解決できる事はあるでしょうか。

> １）健康・安全・食に関する力　２）主権者として求められる力　３）新たな価値を生み出す豊かな創造性　４）グローバル化の中で（中略）伝統や文化を尊重しつつ，多様な他者と協働しながら目標に向かって挑戦する力　５）地域や社会における産業の役割を理解し地域創生等に生かす力　６）自然環境や資源の有効性等の中で持続可能な社会をつくる力　７）豊かなスポーツライフを実現する力　…ほか

本著では，１）は「栄養とメニュー」で，２）は「子どもの権利」で，６）は「サーキュラーエコノミー」「パーム油」等で実践しています。生徒の未来に直結する独創的な CLIL です。

2 CLIL がサポートするカリキュラムマネジメント

CLIL は,「目標・教授(内容)・評価」を主軸とする CM の概念との親和性が高いといえます。双方ともが，教育におけるブルームのタキソノミーの認知分類（Anderson & Krathwogl, 2001）等に関連しています。教科別の縦割り目標ではなく，横断的に生徒にどのような力を伸ばすかという考えが広がりました。CLIL が特徴的な点は，母語ではない外国語をもちいてグローバル社会で協働すること，「教授（内容）」について実質的な働きをすることです。いわば，CM が「教師の時間割」だとすれば，CLIL は「教師の授業ノート」であり，教室の最前線にあるものです。「思考と言葉」「生徒の反応の解釈」を例示し，「教科の壁を超えて物事の問題の核心に迫る」道筋を示し，国際バカロレア校や世界の公立学校で活用されてきた長年の経験値を持ちます。

しかしながら，日本で CM が述べられる際には，言語は国語に限られることが多く，外国語が語られることは極めて少ないのが現状です。CM を進める際にも「英語」は別枠となっていては，CM の成果は国内に留まり，グローバル社会と繋がることはありません。一方，ヨーロッパ，オセアニア，アジア等の国で行われる CLIL と CM は，多言語と自然に融和している様子があります。オーストラリアでは，小学校の日本語授業で CLIL が取り入れられています。このギャップを CLIL が提案する方法で埋めていくことを本著では紹介しています。「４Ｃの枠組み」「ブルームのタキソノミーの分類に拠る高次の思考（HOTS）と低次の思考（LOTS)」「Translanguage（例：考える場面での母語使用，理解を促す母語使用)」「Scaffolding（足場かけ)」などによって物事の核心に迫っていくのです。

3 カリキュラムマネジメントと教師間の協働

CM への取り組み方は，例えば，１）生徒の課題を分析し育てたい力を策定，２）単元配列表をみて教師が議論し，重複削減や相乗効果可能なテーマを発見，３）21世紀型スキルの研修，４）形成的評価ツールを共有し，事前―事中―事後へと改善，５）研究授業やプロジェクトで学び合うといった流れが考えられます。そこでは，小集団の「ノットワーキング」によって，人や組織が互いに関係を結んだり，ほどいたりしながら問題を解決していくような展開で，スピーディに CM を策定するなど，「学校の自律性」「教師の議論と協働」を稼働することが期待されます。

コラム

フィンランドの中学校英語授業

フィンランドの中学校で取材した**「リサイクル：地球を救おう」**の CLIL 実践例です（中学校２年生（14歳），指導者２名，指導は100分）。生徒は中級程度の英語表現が使えますが，表現の正確性や，場面に合った表現を選択することが必要で，この授業では仮定法（1st, 2nd, 3rd Conditional）の使い分けを学ぶと共に，21世紀の社会の身近な問題に取り組みます。

教師はまず，サイコロキューブを使い，1st Conditional(例：If I go camping, I will enjoy barbecue.) などと即興で文章を作り聞かせます。デジタル教科書でダイアログのペア音読をさせます（図左）。次に生徒は即興ペア通訳を行います（英語役とフィンランド語役に分かれてペア通訳)。「スーパーに出かけリサイクルに向けてアクションをしよう。」が，学びのゴールです。２人の教師は英語のスキットを聞かせます（スーパーのかご一杯に持ってきた果物を見せ，もう１人の英語教師をスーパーの店員に見立て，レジ袋を丁寧に断り自作のエコバックに順番に入れる)。活動に入る直前に，教科書で扱われた仮定法の使い分けをイラスト入りで板書をします。パワーポイントを用いずに，生徒とやり取りをしながら文法を押さえ，一緒に文章を作っていきます（例：もし，レジ袋をもらったら，皆ならどうする？)。生徒は３つのグループに分かれます。グループ１は，家庭科で古カーテンから作成したエコバックをもってスーパーに出かけスキットを実現する，グループ２は，スーパーでの体験を再現し iPad でビデオ撮り（写真中央)，グループ３は，英語練習問題のチェックを自分で行い，プロジェクターの文法ポイントを見て教師に質問します（プロジェクター３台設置)。活動順をずらし，最後にはどのグループもリサイクルのための自分のアクションを「ビデオ作品」に完成し，学校ネットにアップロードします。次週には,「地球を救おう：Save the earth」と描いた，思い思いのスローガンとデザイン画をもち市役所に出かけます。この活動では，市役所の代表の方に学校生徒のアピールを聞いてもらうよう依頼し社会に繋ぐ活動を支えているとのことです（写真右)。

（柏木 賀津子）

ペア活動の様子

iPad でビデオ撮り

思い思いのスローガン

第2章

魅せる！
CLILの
英語授業プラン

Communication
言語知識・
対人スキル

Content
教科等の内容

CLIL

Cognition
批判的・
論理的思考

Culture &
Community
協同学習・
地球市民意識

理科×英語

物質とその性質

ターゲット表現	ひとまりの表現　be made of ～　Xs attract Ys.
単元の目的	身の回りの物質の性質を調べる実験を行い，さまざまな性質があることを分類して理解する。また，それが身近な社会にどう役立てられているかを考える。

Content	Communication	Cognition	Culture & Community
教科・活用知識 物質の性質，磁力について学び、社会に役立つアイデアを考える。	**言語知識・技能** 性質の分類をする言語活動を行う。 be made of, attract	**思考力・批判的思考力** 高次思考力：身近なものがなぜその物質で作られているのか考える。	**協同学習・国際意識** 磁力による地球の現象や物質の性質がどのように社会に役立てられているか知る。

1 単元について

この授業では，１時間目に導入として磁石の実験をしてから，身近な製品の英語表現を学びます。２時間目には，絵カードを使って，身近な製品がどんな物質で作られているのかをペアで話し合い分類します。最後に，さまざまな性質の中から磁力を取り上げ，磁力に関係する自然現象や磁力を利用して作られ，社会に役立てられている製品やアイデアを調べて発表します。

2 授業の概要

・身の回りの物質について，それぞれの性質を，実験等を通して体験的に学びます。（内容）
・理科の学習で使う教科特有の英語の語彙や表現を学びます。（言語）

3 言語と思考

【語彙やフレーズの４群】この授業で出会う単語と表現

substance / attract / experiment / copper / aluminum / iron / stainless steel	belong to (metal group /non-metal group) /divide them into groups	This frying pan is made of iron, so magnets attract it.	Magnets are used in making linear motor cars because they make use of iron. 理科の実験結果と関連させる表現
１群：教科特有の言語	２群：他の場面でも使える表現	３群：授業で発話する時の表現 (speaking frame)	４群：特別な概念を共有する目標表現

4 単元計画

時数	内容
1	・磁石はどのような製品を引き付けるのか，磁石を使って実験し（ワークシート①），得られた結果についてペアで話し合う ・身近な物質の英語表現を知る（ワークシート②）
2	・色々な物質の絵カードを分類する（ワークシート③） ・それぞれの物質にはどのような性質や特徴があるかを考え，整理する ・さまざまな性質の中から磁力を取り上げ，磁力に関係する自然現象や，磁力を利用して作られ，社会に役立てられている製品やアイデアを調べて発表する

5 評価

この授業における２元配置アセスメントの観点（Dual Focus Assessment）（巻末資料参照）

目標表現を理解し活用する

言語

・ワークシートや実験で表現を繰り返し，やり取りをしているか。
・受け身形（X is made of Y）とともに，理科に関する表現を意識して使っているか。

物質の性質の特徴をつかむ

内容

・実験や活動に取り組み，背景知識を活用して身近な製品の物質の性質に気づいているか。
・得られた知識が実際の社会にどのように役立てられているかを友達と協力して調べているか。

6 Teacher Talk 例

学習活動	主な発問と生徒の思考の流れ	指導上の留意点
磁石が引き寄せる物質を探し，結果をペアで話し合う。	What do magnets attract? Let's do an experiment. What's this? Yes, it's a frying pan. What is it made of? What may happen? Magnets attract it. Why? Yes, this frying pan is made of iron, so magnets attract it.（ワークシート①）	磁石と物質をくっつけてみる。N・S 極の両方を試す。
身近な物質の英語表	What is this substance called? You may know	背景知識を利用し

現を知る。	many of these. Read out loud and connect with a line.（ワークシート②）	て自由に線を引く。
色々な物質の絵カードを使って使われている材料ごとに分類する。	What is this? Yes, it is a desk. Now, let's think. What is it made of? Oh, yes, wood. How about this? Yes, it is a window. What is it made of? Divide them into groups.（ワークシート③） **Cognition × Language Structure（思考 × 文構造）** 文構造をうまく使って思考を促すような Teacher Talk や活動を取り入れます。	事前情報は最小限にして活発に意見交換する。

7 授業のアイデアとワークシートの使い方

ワークシート①「磁石で実験する」 What do magnets attract ?（磁石はどのような物質を引き付けるのだろう。）

磁石はどのような物質を引き付けるのかについて実験します。シートにない物質や，N極・S極の両方を試しましょう。その後，磁石にくっつくもの（magnetic）と，磁石にくっつかないもの（non-magnetic）の違いを考えさせます。What is it made of～? と考えを促します。

ワークシート②「身近な物質の英語表現を知る」 What is this substance called?

自由に線で結ぶよう指示し，生徒の背景知識を活性化して「気づき」を促します。

ワークシート③「色々な物質の絵カードを使って分類する」

ペアになってカードを自由に分け，なぜそのグループに分けたのか話し合わせます。

What group does this belong to?（これはどんな物質のグループに属しているのかな。）

It belongs to metal. I think that it is stainless steel（金属に属しているよ。ステンレス鋼だね。）

チャレンジ活動（Further study）

・グループで，前時の話し合いや実験で得られたデータから，物質の特性やそれらが使われている製品についてまとめ，物質の性質が私たちの生活にどう役立っているか調べます（例：燃えにくい物質を建物の材料に，製品の軽量化）。

・磁力を取り上げ，磁力に関係する自然現象や，磁力を利用して作られている物を探して発表します（例：リニアモーターカー，車のミラー等）。

（伊藤 由紀子）

ワークシート① 磁石を使って実験してみよう

What do magnets attract? **磁石はどのような物質を引き付けるのだろう。**

CHECK LIST

Class No Name

object	substance	attract/not attract
(example) T-shirt	cotton	×
glass		
nail		
paperweight		
plastic bottle		
frying pan		
smart phone		
gold ring		
scissors		

実験結果：何が含まれていると磁石を引き付けるのだろうか。話し合ってみよう。

This ( ) is made of ( ), so magnets attract it.

This ( ) isn't made of ( ), so magnets don't attract it.

ワークシート② Vocabulary：いろいろな物質（substance）の名前を知ろう

Let's read the words and connect them with a line. What is this substance called?

英語を読んでから線で結んでみよう。この物質は何というのかな。

① paper ·	· 鉄
② glass ·	· 金
③ pottery ·	· 紙
④ iron ·	· 竹
⑤ plastic ·	· 木
⑥ stainless steel ·	· プラスチック
⑦ copper ·	· ステンレス鋼
⑧ silver ·	· 銀
⑨ cotton ·	· 木炭
⑩ aluminum ·	· ガラス
⑪ gold ·	· 木綿
⑫ bamboo ·	· 陶器
⑬ wood ·	· 銅
⑭ charcoal ·	· アルミニウム

ワークシート③ 展開：分類してみよう

Look at the pictures. What group do they belong to? Divide them into groups. Talk with your partner. 次の製品の写真を Metal (magnetic/non-magnetic), Non-metal に分類し，ペアで話し合おう。他の製品についても考えよう。

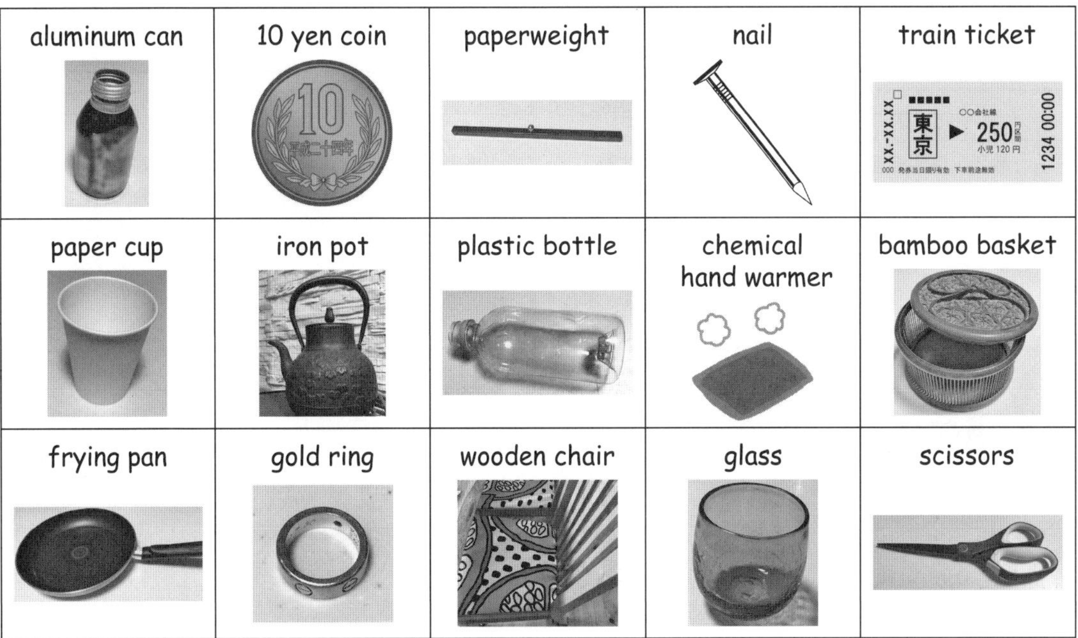

Metal (magnetic)	Metal (non-magnetic)	Non-metal

Further study: 材質の特性を生かして社会に役立てている例を考えてみよう。
磁力を生かしたリニアモーターカー，プラスチックで軽量化した車のミラー等
(Example) Magnets are used in making linear motor cars because they make use of iron. (磁石の性質は，リニアモーターカーに役立っている。)

答：(magnetic) paperweight, nail, train ticket, iron pot, chemical hand warmer, frying pan, scissors (non-magnetic) aluminum can, 10 yen coin, gold ring (non-metal), paper cup, plastic bottle, bamboo basket, wooden chair, glass

数学×英語

黄金比と白銀比

ターゲット表現	Which X do you like the best?
単元の目的	黄金比・白銀比・青銅比の四角形の分類や身の回りのキャラクターなどの分類をする。実際にその比率を計算し，日本人が好むと言われている比率や，西洋人が好むと言われている比率について知る。

Content	Communication	Cognition	Culture & Community
教科・活用知識 比率や計算をもとにデザインや調和を考える。	**言語知識・技能** ペア・グループで性質の分類をする。	**思考力・批判的思考力** 高次思考力：比の計算，長方形の比較，キャラクターの分類などをする。	**協同学習・国際意識** 西洋の人々の好む比率と日本人が好む比率の違いや，それを生かして作製された建造物や絵画の特徴に気づく。

1 単元について

この授業では，数学で使用する英語表現を学びます。クラスで一番好まれる比率の長方形を調査するために，班で３種類の比率（黄金比・白銀比・青銅比）でできた長方形の中で一番好きなものをたずね合います。日本人と西洋人が好む比率についての Teacher Talk を聞き，黄金比と白銀比について知った後，日本と西洋の建造物や絵画，ゆるキャラなどの絵カードを使って，班で話し合い分類します。最後に，日本のさまざまな製品がどの比率でできているのかを考え，自分達の生活の中にある比率や，その比率に込められた思いなどについて考えます。

2 授業の概要

・インタビューを通して which の表現を学びます。（言語）
・数学の学習で使う教科特有の英語の語彙や表現を学びます。（言語）
・身の回りの物について比較したり計算したりすることを通して体験的に学びます。（内容）
・得られた知識が，実際に社会にどのように役立てられているかを学びます。（内容）

3 言語と思考

【語彙やフレーズの４群】この授業で出会う単語と表現

ratio / divide / vertical line / X : Y（the ratio of X to Y）/ $\sqrt{2}$（the square root of two）	Which rectangle do you like the best? Which shapes do you like? I like X.	The ratio of the vertical line to the horizontal line is 1 : $\sqrt{2}$. This notebook is made with a silver ratio.	比率を表す表現 The square root of two is nearest to 1 : 414（one to one point four one four）.
１群：教科特有の言語	２群：他の場面でも使える表現	３群：授業で発話する時の表現（speaking frame）	４群：特別な概念を共有する目標表現

4 単元計画

時数	内容
1	・色々な形を見せ，英語での言い方を思い出させる ・３種類の比率でできた長方形について，どれが一番好まれるかを班でインタビューし，調査する（ワークシート①） ・得られた結果についてペアで話し合う ・それぞれの長方形の縦と横の長さを調べ，比率を計算し，比に関する英語表現を知る（ワークシート①） ・黄金比（golden ratio），白銀比（silver ratio）について知る ・黄金比で作られている世界的建造物や絵画と，白銀比で作られている日本の建造物やゆるキャラの絵カードを分類する（ワークシート②） ・発表する：身の回りの黄金比・白銀比のものを探し，英語で紹介する ・日本のメーカーのエンブレムや商品で黄金比を用いて作られているものについてトークをする

5 評価

この授業における2元配置アセスメントの観点（Dual Focus Assessment）（巻末資料参照）

目標表現を理解し活用する	「比」が生活に生かされていることを理解する
言語 ・インタビュー活動で，Which を使用した表現を繰り返し，実際のやり取りをしているか。 ・Teacher talk から黄金比・白銀比についての概念を聞き取り，分類活動ができているか。	内容 ・分類活動に取り組み，背景知識を活用して，歴史的建造物や絵画などがどのような比率でできているか理解しているか。 ・得られた知識が，実際に社会にどのように役立てられているかを友達と協力して調べているか。

6 Teacher Talk 例

学習活動	主な発問と生徒の思考の流れ	指導上の留意点
３種類の四角形のうちどれがクラスで一番好まれているか調べる。	What shapes are they? Yes, rectangles. Which rectangle do you like? Let's research which rectangle you like the best in our class.（ワークシート①）	４人班になり，それぞれにインタビューをする。
数学で使用する英語表現を知る。	What is this line called? This is a vertical line. This is a horizontal line. Let's calculate the ratio of the horizontal line when the vertical line is set to one. Let's measure the length of the vertical and horizontal lines.（ワークシート①） The ratio of this rectangle is 1 : 1.618. This is called the golden ratio. The ratio of 1 : 1.414 is called the silver ratio. The 1 : 3.303 ratio is called the bronze ratio.	実際に長さを測り比率を計算させる。 1 : 1.618 (the ratio of one to one point six one eight)

歴史的建造物や絵画など絵カードを使って黄金比，白銀比に分類する。	What is this? This is Horyuji. Horyuji is 1 : $\sqrt{2}$ (one to the square root of two). It is made with a silver ratio. What is this. This is the Eiffel Tower. The ratio of the Eiffel Tower is the golden ratio. I have some picture cards. There is the Mona Lisa, Japanese Yuru-chara, and historical buildings. Now, let's think. Which are golden ratios? Golden ratio or Silver ratio? Divide them into groups.（ワークシート②）	事前情報は最小限にして活発に意見交換する。

7 授業のアイデアとワークシートの使い方

ワークシート①「どの長方形が一番好まれているか調べる」 Which rectangles do you like the best? I like rectangle No.1. の表現を使用し，班でどの長方形が一番好まれているかインタビューをします。その結果を発表し，クラスで一番好まれている長方形を選びます。What shapes are they? Yes, rectangles. Which rectangle do you like the best? Let's research which rectangle your friends like the best in this lesson.

ワークシート①

①　②　③

Which rectangle do you like the best?

Name	No.

※ワークシートの図はイメージですので正しい比率でご活用ください。

その後，このワークシートに示されている①～③の長方形の縦と横の長さを測り，縦を１とした時の比率を計算します。

Measure the length of the vertical and horizontal lines of each rectangle. Let's calculate the ratio of the horizontal line when the vertical line is set to one.

For a rectangle ①, the vertical is one and the horizontal is 1.618.

This ratio is called the golden ratio.

For a rectangle ②, the vertical is one and the horizontal is 1.414.

In other words, route 2. This ratio is called the silver ratio.

For a rectangle ③, the vertical is one and the horizontal is 3.303. This ratio is called the bronze ratio.

What's this? Yes, this is Horyuji. Does Horyuji belong to the golden ratio or silver ratio?

Horyuji belongs to the silver ratio. What's this?

This is the Eiffel tower. This belongs to the golden ratio.

ワークシート②「歴史的建造物や絵画，日本のゆるキャラなどのカードを使って分類する」

班になってカードを自由に分け，なぜそのグループに分けたのか話し合います。

Does the Parthenon belong to the golden ratio or the silver ratio?

Divide these historical buildings and Yuru-chara picture cards into golden ratios and silver ratios.

チャレンジ活動（Further study）

班で自分たちの生活の中にある黄金比や白銀比のものについて調べ発表します（名刺，テレビ等）。

This is my large - sized notebook that I use as a math notebook. The ratio of vertical line to horizontal line is $1:\sqrt{2}$. This notebook is made with a silver ratio. Thank you.

（中田　葉月）

ワークシート②

食育×英語

栄養素とおすすめメニュー

ターゲット表現	助動詞 can　can get … from ～　This is because ～.
単元の目的	食事に含まれる栄養素のことを理解し，複数の資料を活用しながらバランスのよい食事メニューについて考える。また，普段の生活でよく食べるものにどのような栄養があるのかを知り，自らの食生活を省察的に見直す。

Content	Communication	Cognition	Culture & Community
教科・活用知識 家庭科における栄養素，また食事摂取基準について学ぶ。学んだ知識を自身の食生活に生かす。	**言語知識・技能** どのような栄養素を得ることができるのか伝える。食事の栄養素をフードピラミッドを用いて分類する。	**思考力・批判的思考力** 高次思考力：３人の健康診断の結果を見て，どのような栄養素を，どのくらい摂取する必要があるか考え，おすすめの１日の食事メニューを考える。	**協同学習・国際意識** 自分の食生活や健康状態を見直し，栄養素を意識した食事の必要性を理解する。

1 単元について

この授業では，１時間目に導入として教師によるロールプレイを見てから，身近な食品の栄養素についての英語表現を学びます。また，それらがフードピラミッドのどの階層に位置するのかペアで話し合い分類します。その後，モデルとして架空の３名の健康診断の結果から，どのような栄養素，食事メニューがいいのか栄養士になったつもりで考えます。１時間目の最後には中間報告として，互いの食事メニューをグループの中で見せ合い，互いに助言をし，自身の考えた食事メニューを改善します。２時間目には，前時の内容を英語で発表できるようにグループで互いに協力しながら練習をします。グループで個々の発表を聞き，評価した後，各グループの代表者１名がクラス全体に発表します。最後に，自身の活動を振り返り，食事メニューを作る過程で学んだことを文章化します。

2 授業の概要

・身近な食事の栄養素について，フードピラミッドを用いて推測・分類して体験的に学びます。（内容）（思考）
・栄養に関する語彙を学び，助動詞 can を用いて，自分の考えを相手に伝えます。（言語）
・複数のデータを活用して，条件に合うように思考し，食事メニューを考えます。（思考）
・自分の食生活や健康状態を見直し，栄養素を意識した食事の必要性を理解します。（文化）

3 言語と思考

【語彙やフレーズの４群】この授業で出会う単語と表現

nutrients / protein / calcium / iron / vitamin / carbohydrates (carbs) / lipid / calorie / medical check / diet	He / She can get ～. This is because ～.	Nobuta should eat eggs. Nobuta can get protein from milk.	Nobuta needs protein (because he is thin).
１群：教科特有の言語	２群：他の場面でも使える表現	３群：授業で発話する時の表現 (speaking frame)	４群：特別な概念を共有する目標表現

4 単元計画

時数	内容
1	・教師が１人２役，または２人で，バランスのよい食事についてロールプレイを提示（教材①） ・栄養士になったつもりで「個々に合った食事メニューを考えよう。」と目標を提示 ・授業で使う栄養素等の英単語の発音・意味・特徴をフラッシュカードで確認（教材②） ・身近な食べ物がフードピラミッドのどの階層に位置するか思考・分類（教材③） ・３人の健康診断・プロフィールを提示し，その中から１人選択（教材④） ・食事摂取基準のデータや食事メニュー表を活用し，個人で食事メニューを創作（教材⑤⑥） ・４人グループを作り，途中段階の食事メニューを互いに見せ合い，コメント・助言
2	・前時の英単語の復習，進捗状況の確認 ・スピーキングフレームを提示し，個人練習 ・４人グループで１人が他の人におすすめのメニューを発表，互いに評価 ・各グループの推薦者１名ずつがクラスで全体発表 ・活動を通して学んだことを振り返りシートに記入

5 評価

この授業における2元配置アセスメントの観点（Dual Focus Assessment）（巻末資料参照）

目標表現を理解し活用する	各栄養素の特徴を知り，食事メニューを作る
言語	内容
・ワークシートや発表で，助動詞 can の表現を繰り返し，自分の意見を適切に伝えられているか。 ・健康状態と必要な栄養素を関連付ける表現（This is because～…）を使い，自分の考えた食事メニューを伝えているか。	・背景知識や既存の知識を活用して身近な食べ物の栄養素について考えられているか。 ・授業で学んだ知識を実際の食生活に役立てようとしているか。

6 Teacher Talk 例

学習活動	主な発問と生徒の思考の流れ	指導上の留意点
教師（AとB）のティームティーチングによる，バランスのよい食事について話しているロールプレイを聞く。	A：Fruit has a lot of vitamins. And vegetables are high in nutrition. You can get vitamins from fruit. You can get a lot of nutrition from vegetables. This is why you should eat fruit and vegetables. B：I know it's important to get enough nutrition. But I don't like vegetables. A：Get enough nutrition every day, or you will get sick. B：Oh, I don't want to …. A：You should eat a balanced diet. We can get vitamins, fat, protein, carbs and lipids from it. This is why a balanced diet is very important for your health. B：OK, B, I'll try. Thank you very much.	1回目は，ジェスチャーのみのロールプレイ。2回目は，パワーポイントのスライドで視覚的にヒントを与えながら内容を理解させる。 （教材①）
身近な食べ物を栄養素ごとにフードピラミッドを用いて分類する	T：What food do you like? S：I like rice. T：Oh, me too. You can get carbs from rice. Where can you put rice on the Food Pyramid?	背景知識や既存の知識を使いながら分類する （教材②③）

モデルの3人の健康診断の結果とプロフィールからの問題点を見つけて分析する	T：What food does Nobuta like? S：He likes meat. T：Then, he doesn't like…? S：Vegetables. T：Yes, vegetables. What does he need? S：(medical check を見ながら) …Calcium. T：Any other idea? S：Kinniku? T：Yes. You can say "muscles". **Cognition** × **Language Structure**（思考 × 文構造） 文構造をうまく使って思考を促すような Teacher Talk や活動を取り入れます。	パワーポイントのスライドで視覚的にヒントを与えながら，やりとりをする。（教材④）

7 授業のアイデアとワークシートの使い方

教材①　オーラルイントロダクションで使用したスライド（一部）

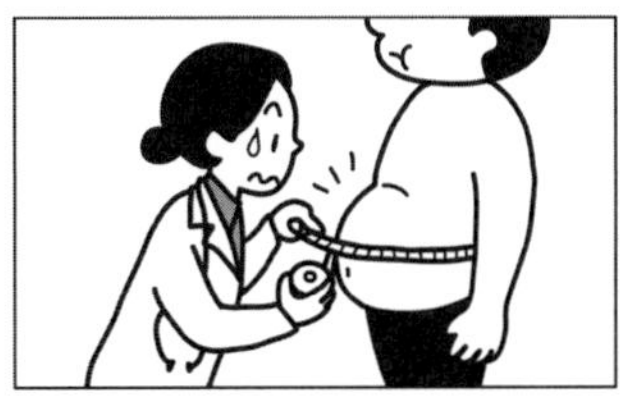

教材②　黒板にフラッシュカード（日・英）をランダムに貼り，意味を予測させる。

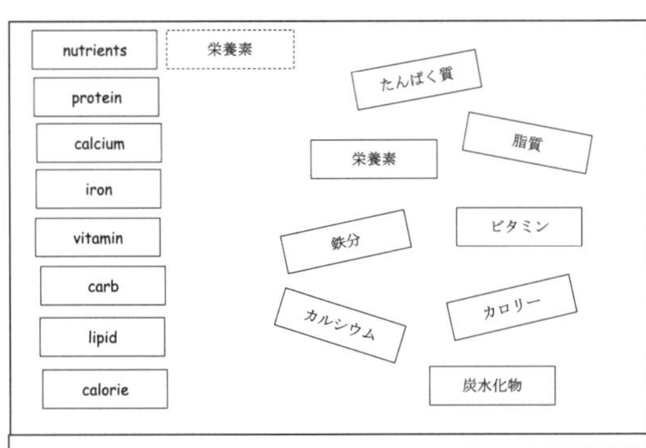

《使い方》

・読み方から，マッチする英単語と日本語を予測させ，日本語カードを並べる。

・黒板に貼ったままにしておき，いつでも栄養素の英単語を自分で確認できるようにしておく。

教材③　「フードピラミッドで食べ物の分類」

《使い方》

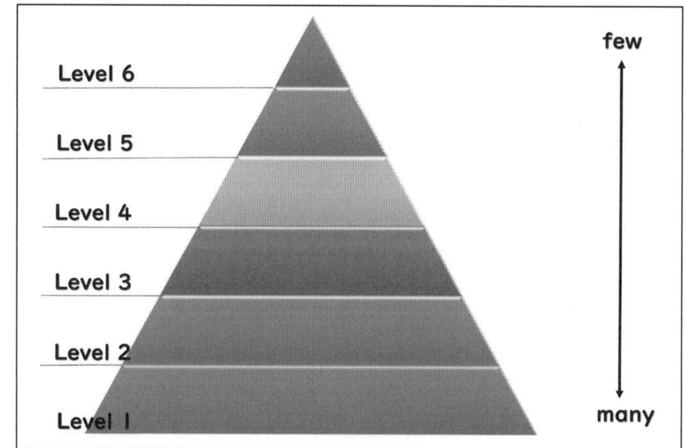

・生徒とのやりとりから食べ物を引き出し、黒板に貼ったフードピラミッドに食べ物を貼っていく。どこに位置するのか思考を促しながらやりとりをする。

・配布されたフードピラミッドにペアで思いついた食べ物を書いた付箋を貼っていく。例えば、Level 1は野菜やフルーツ等、Level 3は牛乳やヨーグルト等、Level 5はパン、ご飯やパスタ等、Level 6は高カロリーなお菓子やジュースが含まれる。

（参照）https://carinbondar.com/2019/02/27/why-humans-need-a-food-pyramid/

教材④　健康診断とプロフィールの情報モデル例

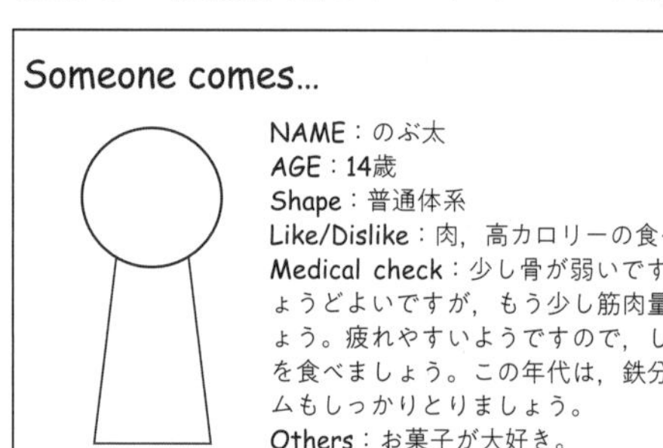

教材⑤　食事メニュー表と食事摂取基準表等

食事メニュー表は，81種類の食事とそれらの食事に含まれる栄養素（カロリー・タンパク質・脂質・炭水化物・ビタミン）の量を記載し，冊子にして生徒に配布する。食事摂取基準表は，年代，性別ごとの適切な1日のカロリー，タンパク質，カルシウム，鉄分の量を示したものを提示する。またその他に，食材ごとのカルシウムや鉄分の含有量も提示する。生徒は食事メニュー表と食事摂取基準表を中心に，その他の資料や既知の情報を使って，食事メニューを作成する。1つの資料に全ての情報を含めないことで，いくつかの資料を同時に掛け合わせながら活用することが必要な状況を作る。

教材⑥ 「食事メニューづくり」のワークシート

私のグループは（　　　　　　）さんの食事メニューを改善します。

食事メニュー	そのメニューにした理由
朝：	
昼：	
夜：	

★食事メニューは、食べ物プリントから選んでください。おやつやデザートも必要に応じて、メニューに入れてください。なぜそのメニューがいいのか、下の欄の英語を参考に右の欄に英語で書いてみましょう。

（参考英文）　≪ヒント≫□□には人の名前が、〇〇には食べ物、△△には栄養素が入るよ。

・(□□) can get (△△) from (〇〇).
(□□) は (〇〇) から (△△) を 得ることができる。

(例) (He) can get (calcium) from (milk).　(彼)は(牛乳)から(カルシウム)を得ることができる。

・(□□) needs (　　).
(□□) は (　　) が必要だ。

(例) He needs vegetables.
彼は野菜が必要だ。

・This is because ～.
なぜなら～だからです。

(例) This is because he eats too much.
なぜなら彼は食べすぎだからです。

教材⑦ 「発表練習」・「発表」用ワークシート（スピーキングフレーム）

生徒が自分の作った食事メニューを英語で紹介するために，スピーキングフレームを提示。（例：「As breakfast, He/She eats (　　　　　　　　).」のように穴埋め式にしたり，「理由を書く」など日本語で最低限のヒントを記載し１文を考えられるようにする。（どの順序で何を言えばいいのかが分かる。）スピーキングフレームを与えることで，生徒は自身の力で原稿を完成させ，発表の準備，練習ができる。

（島崎　圭介）

体育×英語

バレーボールの動き

ターゲット表現	Find the best place ～. Get under the ball quickly.　動詞＋場所＋副詞
単元の目的	バレーボールの個人技術を生かし，ゲーム中にボールをつないで三段攻撃で返球することができる。また，ボールをつなぐためにはプレーの前のボールを持たない時の動きが重要であることを理解する。

Content	Communication	Cognition	Culture & Community
教科・活用知識 バレーボールのゲームそのものを楽しむ。 ゲーム中のプレー前の動きについて考える。	**言語知識・技能** ペア・グループで声を掛け合ってボールをつなぐ。 個人技術の向上とチームの作戦。	**思考力・批判的思考力** 高次思考力：パス・レシーブの技術ポイントについて考える。 お見合いをなくしてパスをつなぐための動き，場所，素早さを考える。	**協同学習・国際意識** ボールゲームに共通して，ボールを持たないときの動き（off the ball movement）が重要であることを理解する。 良いプレーを互いに認め合う。

1 単元について

この授業では，バレーボールのボールを持たない時の動き（off the ball movement）について英語を使って学びます。２時間の授業の中で，ゲームを２つ（ゲーム１・ゲーム２）行います。ゲーム１では，ボールの落下点に素早く移動することを目指します。ゲーム２では，パスをつないで三段攻撃ができることを目指します。個人技術の基礎であるボールの落下点に素早く移動することが身についてないと，ボールをつなぐことができないので，段階を踏んでゲームを行います。

ゲーム１とゲーム２のそれぞれ後に，iPad で撮影したゲーム中の動き（ゲーム１の動き・ゲーム２の動き）を観ながら，英語を使って，教師と生徒のやり取りをしたり，生徒の気づきを引き出したりします。教師は，生徒自身にゲーム１からゲーム２への動きの変化をつかませるようにします。ゲーム１のポイントは，生徒自身がボールの落下点に素早く動く意識を持たせることです。全身反応教授法を用いて，バレーボールの動きの英語表現を学びます。ゲーム２のポイントは，プレーヤーの役割を決めることで，必然的にボールの落下点に動く動きが生まれることです。このゲーム２においてパスが続いたという運動有能感を持ちます。この場面において，教師から英語の表現を聞いたり，友達に声をかけるために英語を使ったりすることで，体育と英語の両面から学びを深めます。

2 授業の概要

・バレーボールの個人技術（パス・トス・スパイク）を身につけます。（内容）
・バレーボールのボールを持たない時の動き（off the ball movement）について学びます。（内容）
・身体を動かしながら学習で使う教科特有の英語の語彙や表現を学びます。（言語）
・パスがつながるようにするためはチームでどのようにすれば良いか話し合います。（言語）
・iPad で撮影した自分たちの動きを観て，バレーボールのボールを持たない時の動き（off the ball movement）の表現を学びます。（言語）

3 言語と思考

【語彙やフレーズの４群】この授業で出会う単語と表現

technique / movement / catch / throw / hit / right / left / forward / backward / pass / toss / spike / receiver / setter / spiker	Praising words (Good job! Nice try!) What is the goal of this game? Perform your own role.	Move quickly! Get under the ball! Never let it (ball) fall! Make a series of passes!	off the ball movement Find the best place you should move ～. Position's job. Watch the ball and spike!
１群：教科特有の言語	２群：他の場面でも使える表現	３群：授業で発話する時の表現 (speaking frame)	４群：特別な概念を共有する目標表現

4 単元計画

時数	内容
1	・バレーボールの動きと英語表現を同時に学ぶ ・パスをつなぐためのポイントについてスライドを見ながら教師の英語を聞いて，ペアでパスの練習をする（①ボールの落下点にすばやく移動することと，②声を出してボールを呼ぶこと） ・ゲーム１（ボールの落下点に素早く移動することを目指す） ・iPad で撮影したゲーム場面から良い動きを観察して，感想を出し合う

2	・スパイクを打つための技術ポイントについてデモンストレーションを観ながら教師の英語を聞いて，１人でスパイクの練習をする ・ペアでスパイクの練習をする（①トスをあげる選手と正対できるように移動することと，②声を出してボールを呼ぶこと） ・ボールがつながるようにするためにはどうすれば良いか，チームで何が必要か話し合う ・ゲーム２（役割としてのポジションを決めて三段攻撃ができるようになることを目指す） ・iPad で撮影したゲーム中の動き（ゲーム１の動きとゲーム２の動き）の違いを比べる

5 評価

この授業における２元配置アセスメントの観点（Dual Focus Assessment）（巻末資料参照）

目標表現を理解し活用する	ボールを持たないときの動きを理解し，ゲームパフォーマンスを高める
言語 ・バレーボールの練習やゲームで，表現を繰り返したり，声をかけ合ったりしているか。 ・パスがつながるようにするため，チームでどのようにすれば良いかの表現に親しんでいるか。	**内容** ・バレーボールのゲームに参加し，個人技術を活用してプレーしているか。 ・ゲーム中にパスをつないで三段攻撃するために，友達と協力してプレーしているか。

6 Teacher Talk 例

学習活動	主な発問と生徒の思考の流れ	指導上の留意点
パス練習で，パスが続くためにはどうすればよいか考える（ゲーム１の時）。	How did you keep a rally going? What did you do before you passed the ball? Now, let's think. Move quickly, get under the ball. What did you do when you wanted to receive the ball? Each member says "Here!"	スライドを提示し，上手な選手の「動き」に注目させる。

iPadの映像を観て，お見合いをなくしてパスをつなぐための動き，場所，素早さを考える場面（ゲーム2の前）。	T：What did you do before you received the ball? Where should you have moved to? S：Under the ball. T："Under the ball" is very important. What did you do to connect the passes? S："Each member plays his / her own position" and "communicate well each other". T：Please remember these points and try them during the game. Cognition × Language Structure（思考 × 文構造）	プレーの役割を決めることによって，迷いなくプレーさせる。

7 授業のアイデアとワークシートの使い方

ゲーム１（ボールの落下点に素早く移動してみよう）

※ゲームのルール

バレーボールコートを４分割（4.5m × 9m）して，コートは縦長のコートを使います。プレーヤーの数を３人対３人として，得点は７点先取（得点は適宜調整）の１セットマッチとします。

(1)サーブは，サーブエリアから投げ入れることから始めます。相手コートのサーブエリアにしか投げ入れることができないようにします。

(2)パスがつながるように，２番目のプレーヤーはキャッチしても良いことにします。

(3)必ず３回のプレー（レシーブ，キャッチ，スパイク）で相手コートに返すこととします。

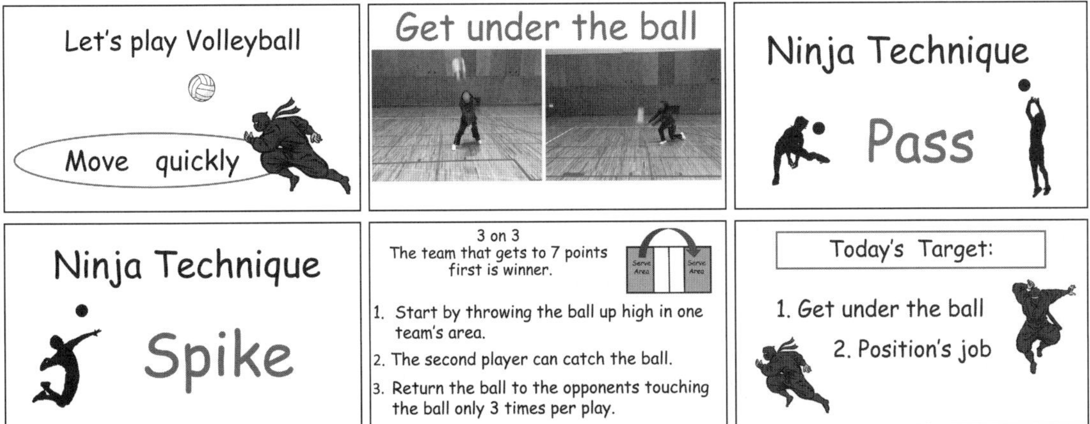

ゲーム１で使用したスライド（一部）

※忍者のように術を使って，素早く動くというイメージを持たせるなど，学習意欲の向上に結びつくような教材にすると効果的でしょう。

ゲーム２（パスをつないで三段攻撃をしてみよう）

ゲーム２では，３人のプレーヤーが First player（レシーバー），Second player（セッター），Last player（スパイカー）の役割を決めて，ゲーム１と同じルールで行います。

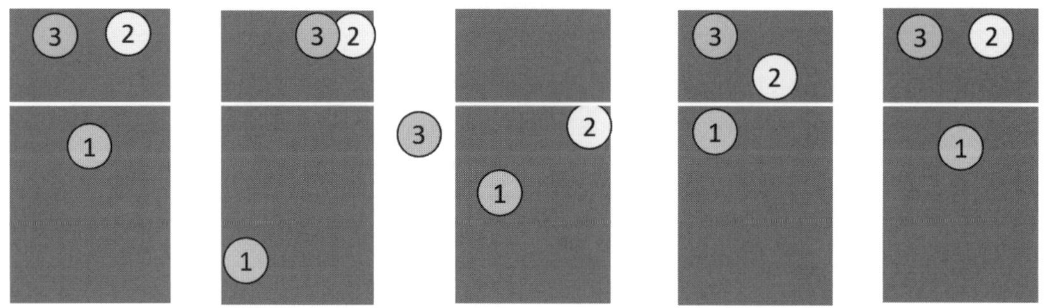

①：レシーバー（receiver）　②セッター（setter）　③スパイカー（spiker）

味方①がボールを投げ入れる。（ベースポジション）	相手チームのレフトからのスパイクをブロックするために③と②が動く。①はレシーブするためにレディーポジションに動く。	①はレシーブするためにボールの落下点に動く。②はトスするためにボールの落下点に動く。③はスパイクを打つために外にひらく。	①と②はブロックフォローをするために動く。③はスパイクを打った直後。	相手コートにボールがいっている間にベースポジションに動く。

ゲーム2におけるそれぞれの場面の各プレーヤー動きと位置の例

ゲーム２の主な英語表現

throw the ball, receive opponents' attack, block the ball, move to the ready position, spike the ball, set the ball, move towards the left / right side

iPad で撮影した動画を使ってバレーボールのボールを持たない時の動きを観察する

教師が iPad で撮影した動画を用いてゲームパフォーマンスを評価する

ゲーム２の前に教師が意見を引き出す場面（海外実習での CLIL 授業の場面の例）

ゲームパフォーマンスを評価する場合

Game Performance Assessment Instrument（GPAI）

Griffin, L., Mitchell, S., & Oslin, J. L. (1997)

			意志決定		技能発揮		サポート	
No	Name	Game	適切	不適切	効果的	非効果的	適切	不適切
1	TAKA（記入例）	ゲーム1	××××	××	×××	×	××	×××
		ゲーム2	×××××	×	×××××	×	×××	×
		ゲーム1						
		ゲーム2						
		ゲーム1						
		ゲーム2						
		ゲーム1						
		ゲーム2						

×は１回の観察を意味する

【意志決定】自分が取らなければならないボールに対してボールを取りに行こうとしている場合には「適切」，他のプレーヤーに譲ったり，自分で取りに行こうとしなかったりした場合には「不適切」とカウントする。

【技能発揮】味方にパスを出す時や相手チームに返球をする際に，ボールの下に入ってそのパスが味方に繋がるかスパイクを打って相手に返球できれば「効果的」，そうでなければ「非効果的」とカウントする。

【サポート】２回目のボールを繋ごうと追跡する体制をとれた場合や３回目のプレーヤーがオープンに開いてトスをもらおうとした場合は，「適切」とカウントする．しかし，２回目のボールを繋ごうとしなかったり，３回目のボールを打つために開かなかったりした場合には「不適切」とカウントする。

（宍戸　隆之）

環境×経済×英語

サーキュラー・エコノミー：21世紀の eco

ターゲット表現	受け身形　後置修飾 We can make a lunch box made from cellulose nanofiber. be made of / from　We can produce X with Y.
単元の目的	森の多い国（日本とフィンランド等）における，森と人との共生に気づき，「木」の資源を有効に活用する環境へのアクションや，21世紀の eco をデザインする。

Content	Communication	Cognition	Culture & Community
教科・活用知識 森の「木」の資源活用について学ぶ。 サーキュラー・エコノミーの考え方について学ぶ。	**言語知識・技能** 日本とフィンランドの森についてクイズを楽しむ。 「木」のエコ製品やセルロース・ナノファイバー製品を見たり触ったりする。	**思考力・批判的思考力** 高次思考力：「木」のエコサイクル（循環）を閉じる長いリサイクルを考える。(Close the Loop) 「ラップブック」を用いて，21世紀の eco をデザインする（経済効果：生産型から循環型へ，テクノロジーの活用）	**協同学習・国際意識** 環境へのアクションや，21世紀の eco をデザインすることで，地球市民として，地球の環境を守ることの重要性に気づく。 ポートフォリオとして「ラップブック」で発信したり，国内外の学校と考えをシェアしたりする。

1 単元について

1時間目に，地球の衛星写真等から地球上の緑に見える部分を見取り，国ごとの森林面積割合（森林率）グラフから，日本の森（2位）とフィンランドの森（1位）について興味を持たせます。次に，森の資源のカテゴリー分けを行い，「木」からできる製品と活用する人間との関係が，未来の社会に持続可能であるためには，どのような環境アクションが大切かラップブック（Lapbook）にデザインします。Lapbook では，森や木，環境へのアクションに関する英語表現について絵カードや eco マークで学びます。

2時間目に，その際，Circular economy（NewsWeek, 2018）の記事や環境省の映像を見せ，英語で Teacher Talk を行います（目標の文構造を上手く聞かせる）。「木」の資源活用では，単にリサイクルだけでなく，科学の力による近年のセルロース・ナノファイバーの開発状況，エコ製品を生み出すデザイン思考，循環を閉じて長く使うこと（Close the Loop）の考案へ導きます。また，セルロース・ナノファイバー製品を見たり触ったりして，「木」から人間が恩恵を受けている実物に触れます。グループで気づいたことを話し合い，生徒は環境へのアクションをデザインしていきます。Lapbook を見せながら自分の考えをグループでシェアします。

2 授業の概要

- 「木」には様々な活用方法があり，森と人間が共生していることに気づきます。（内容）
- 地球における森の伐採，気候変動による山火事，森林減の問題に気づき，「木」の活用サイクル（循環）を出来るだけ長くして閉じる方法を考えます（Close the Loop）。（内容）
- 森や木，環境へのアクションやデザインで使う教科特有の英語の語彙や表現を学びます。（言語）
- 21世紀のテクノロジーや経済効果と環境等，複合的な視点を取り入れた21世紀の eco をデザインし英語で考えをシェアします。（21世紀型スキル）

3 言語と思考

【語彙やフレーズの４群】この授業で出会う単語と表現

trade / make / remake / repair / refill / share / resell / recycle / separate / pulping / making / chipping / nanosizing / conifer / broadleaf trees / cellulose nanofiber / products	It comes from X. We have blueberries in the forest. We have deer in the forest. Is it good for ---?	We make (produce) a X with the wood. We can make a lunch box made from cellulose nanofiber. （後置修飾） Eco Action	Forest resources : The sauna cabin is made of wood. The cellulose nanofiber is made from wood. （受け身形使い分け）
１群：教科特有の言語	２群：他の場面でも使える表現	３群：授業で発話する時の表現 (speaking frame)	４群：特別な概念を共有する目標表現

4 単元計画

時数	内容
1	・衛星写真や，森林面積の割合地図・グラフから，日本や海外の森の分布を掴む（図①・②） ・日本の森の絵図に絵カードを貼る活動をする（図③） ・「森」の資源には，木，下草，動物等があり，そのうちの「木」に焦点をあてる ・「木」がどのように使われているかグラフを読む（建築，紙，家具，ベニア板，燃料等） ・写真を見ながら Teacher Talk を聞き，不必要な伐採，山火事，森林減の地球の環境について知り，森と人間が共生するためにはどのような方法あるか問い持つ（自分でもインターネットや本で森の資源「木」についての環境問題を調べる）

2	・1時間目に聞いた，森や環境へのアクションについて，ラップブック（Lapbook）を使って英語の語彙や表現を学ぶ（図④⑤） ・「木」の資源活用で，近年のテクノロジーが開発したセルロース・ナノファイバーについて，映像を見ながら Teacher Talk を聞く（図⑥） ・セルロース・ナノファイバー（液状）やその弁当箱やキッチンクロス等に触る ・森（木）と人間が共生するための自分のアクションやアイデアを Lapbook にデザインする。グループで自分の Lapbook を見せ合い，友達に自分の考えを述べ合う（図⑧⑨） ・国際交流として，Lapbook をメール交換し国内外の生徒と考えを交流する

5 評価

この授業における2元配置アセスメントの観点（Dual Focus Assessment）（巻末資料参照）

「森」について目標表現を理解し活用する

「木」のサーキュラー・エコノミーについて環境へのアクションやデザインを考える

言語

・森の資源のカテゴリー分けで，新しい語彙や表現を使ってやり取りをしているか。
・目標表現（X is made of Y）や（We can make a lunch box made from cellulose nanofiber.）を意識して，森や環境へのアクションについて表現しているか。
・Lapbook のデザイン図を見せて，自分の考えを英語で表現しているか。

内容

・森の資源をカテゴリー分けして理解しているか。
・「木」について写真やグラフを読み取っているか。
・テクノロジーの開発に興味を持ち，身近な環境へのアクションを考え，Lapbook にデザインしているか。

6 Teacher Talk 例

学習活動	主な発問と生徒の思考の流れ	指導上の留意点
写真やグラフから情報を読み取る。	T：Let's look at the graph of forest rates. Finland ranks first. How about Japan? Compare Japan with Finland, you can find different points and/or common points.	写真やグラフを対比的に提示する。

身近な環境へのアクションについて，背景知識を活性化する。	T：What can you do to close the loop and save the planet? What eco action are you doing now? For example, you can recycle aluminum cans. You can make a desk with used boards.	背景知識を利用した語彙や表現を理解させる。
科学・テクノロジーの開発について，新しい表現を学ぶ。	T：I'll show you cellulose nanofiber made from wood. It is a new technology invented by scientists. I also brought you some products made from cellulose nanofiber. Please touch them and smell them. They are much stronger than plastics. S：We can produce a car made from cellulose nanofiber. **Cognition** × **Language Structure**（思考 × 文構造）	環境省やナノセルロースファイバー製造のホームページから最新の情報を掴ませる。

7 授業のアイデアとワークシートの使い方

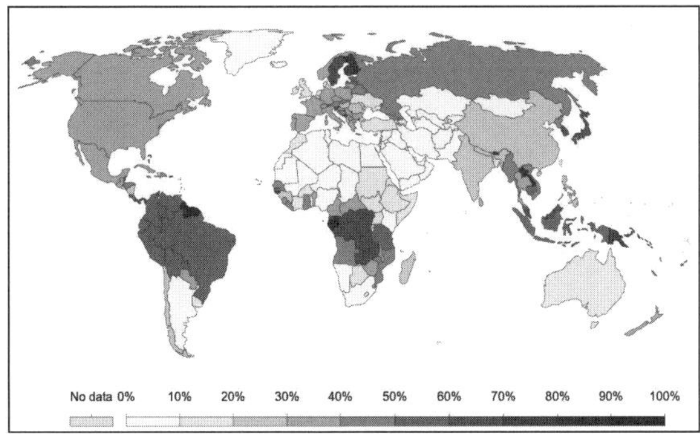

図①森林が土地を覆う割合地図
FAO（国際連合食料農業機関）(2019)

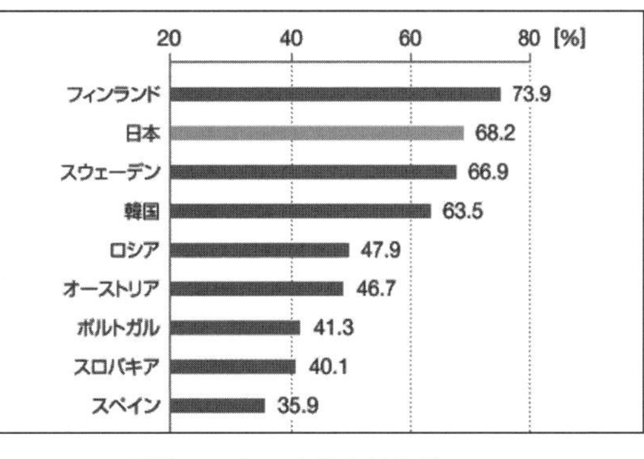

図②国ごとの森林率割合グラフ
FAO (2019)

図③森のリソース

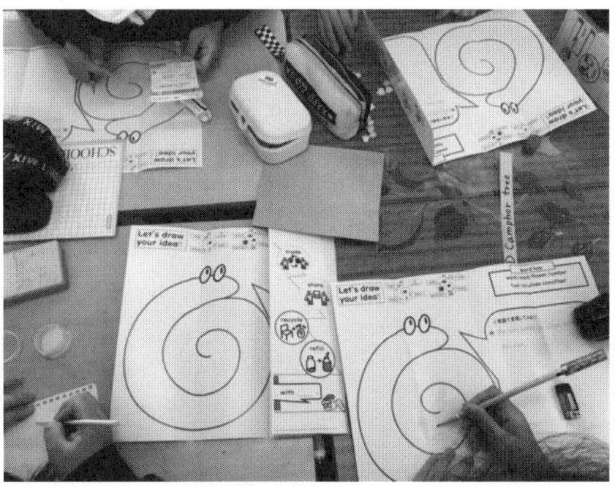

図④ Lapbook 活動例

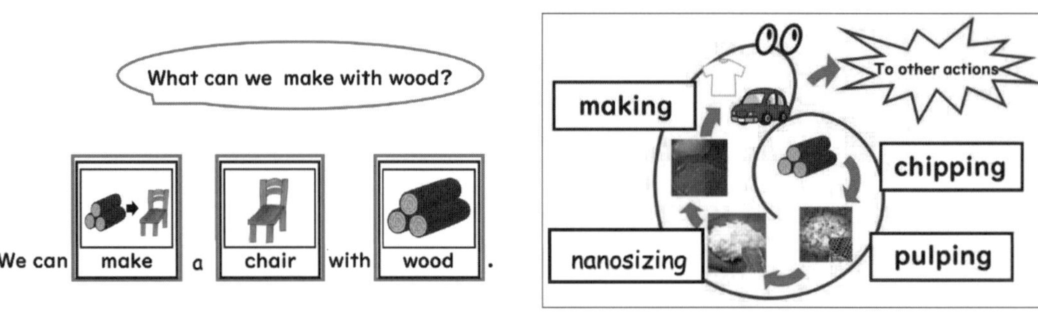

図⑤　Lapbook と文構造フレームのサポート

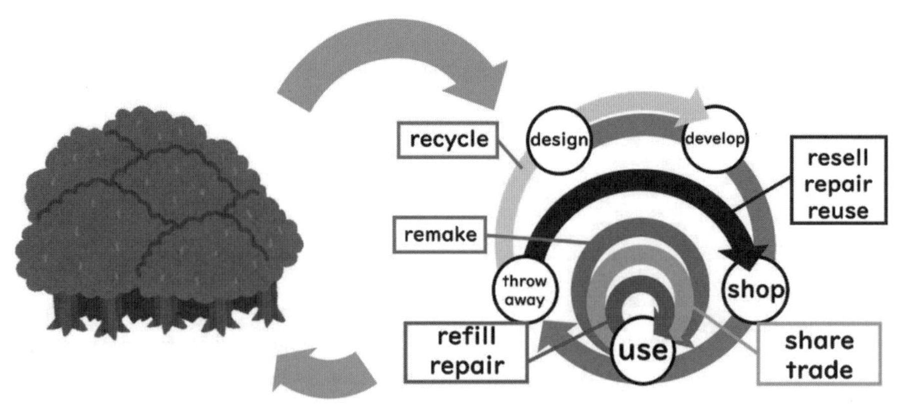

図⑥　サーキュラーエコノミーの図（Newsweek, 2018）

チャレンジ活動（Further study）

・ゼロ・エミッション（zero emissions concept：資源循環型社会システム）や，ゼロCO_2（Reduce CO_2，Emissions）などの探究が出きるでしょう。

（実践者：兵庫多香美
中戸勇佑　宮本沙希
星野宮穂
指導：柏木賀津子・
大阪教育大学）

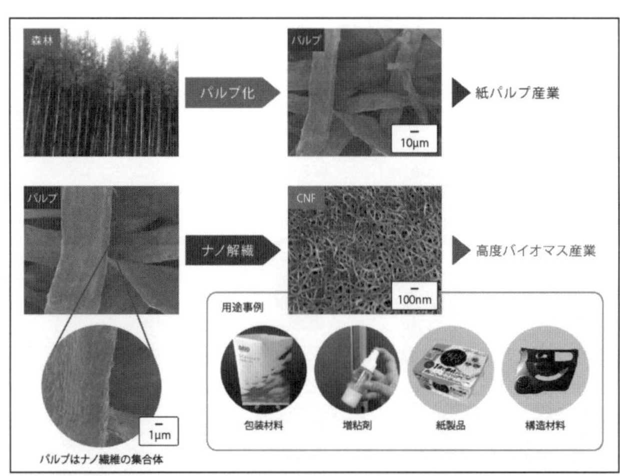

図⑦森の資源から CNF（セルロースナノファイバー）が出来る
https://www.daio-paper.co.jp/development/cnf/（大王製紙ホームページより引用）

図⑧　Lapbook 表紙（上）
考えるための語彙・表現
ワークシート
（中央は観音開き）

図⑨　Lapbook 内側（下）
Close the Loop を目指した
21世紀の eco デザイン
ワークシート

We can make a car
made from wood and
resell it. And then, ･･･

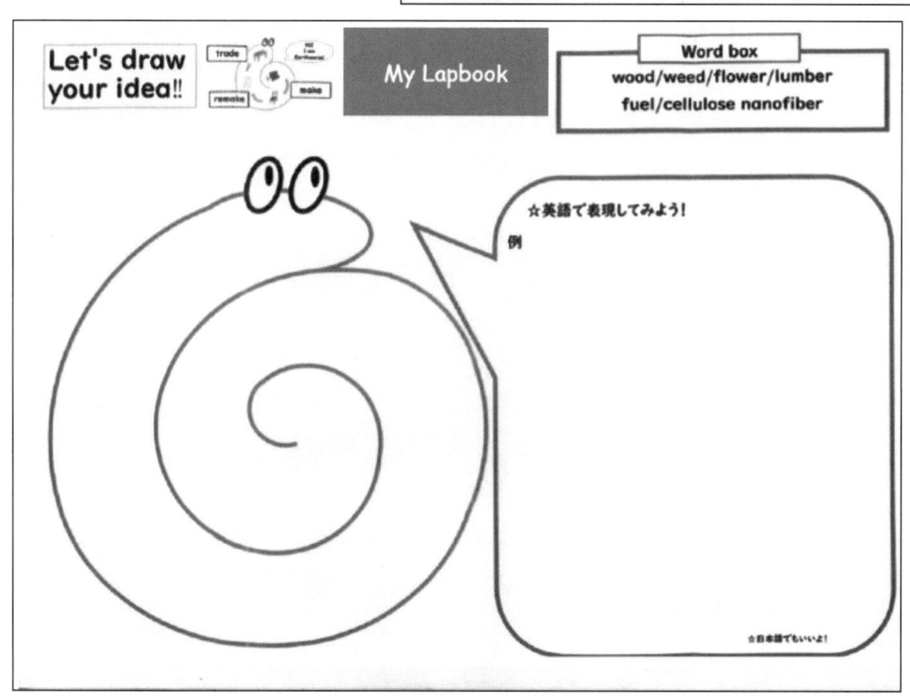

（柏木　賀津子）

プログラミング×英語

プログラミングで世界の食材を集めよう

ターゲット表現	不定詞 to　The route to collect ingredients is ～. There is / are X in Y.　Y is famous for X.
単元の目的	・世界地図の上にプログラミングロボットを走らせて，各国の特産物を集める。 ・集めた特産物を紹介する。 ・プログラミングのコマンドを学ぶ。

Content	Communication	Cognition	Culture & Community
教科・活用知識 世界各国の特産物や農作物について知る。 ライントレース型ロボットのプログラミングを行う。	**言語知識・技能** 協力してプログラム、プレゼンテーションを行う。	**思考力・批判的思考力** ロボットに意図した処理を行うよう指示する。 プログラミング（逐次処理・分岐・繰り返し）を行う。	**協同学習・国際意識** 日本が輸入している世界の食品や世界の国の特産物を知る。

1 単元について

この授業では，心も体も元気に過ごすための料理を作るために，各国から新鮮な食材を集めるタスクを行います。作りたい料理の食材の生産量が多い国などを調べ，プログラミングロボットの一つであるオゾボットを使用し，世界各地から CO_2 排出量や輸送コストも考慮し，効率よく特産物を集めるため，世界地図上に示されたルートを移動するプログラムを組みます。その後，集めるためのルート，集めた食材がどこの国の特産物なのか，何の料理に使うのかについてグループごとにプレゼンテーションを行います。

2 授業の概要

・ビジュアルプログラミング言語を使用し，内容について理解し，食材を効率よく運ぶルートを考えます。（内容）
・その国の特産物と，日本に輸入されている各国の食材を調べ，日本と外国の関係について理解しようとします。（内容）
・プログラミングを通してプログラミング言語で使用する表現を学びます。（言語）
・プレゼンテーションの中で，There is/are X in Y. Y is famous for X. の表現を使用し発表します。（言語）

3 言語と思考

【語彙やフレーズの４群】この授業で出会う単語と表現

move / rotate / zigzag / skate / spin / forward / backward / calibrate / loading	turn right/left / go straight / special product / specialty	There is/are X in Y. X is famous for Y. to collect～	move forward distance 5 steps speed medium / rotate slight left
１群：教科特有の言語	２群：他の場面でも使える表現	３群：授業で発話する時の表現 (speaking frame)	４群：特別な概念を共有する目標表現

4 単元計画

時数	内容
1	・プログラミング・情報処理の「逐次処理」「分岐」「繰り返し」を理解する（Blockly Games や Ozoblockly を使用） ・タブレット PC や PC を活用してオゾボットをプログラミングし，世界地図上に書かれたルートを走らせる ・move forward distance 5 steps speed medium ・rotate slight left
2	・体に良いメニューを考え，その食材が世界のどこで特産物として作られているかを調べる ・その食材（特産物）を効率よく集めるための道順を考え，ロボットを動かすためのプログラムを考える
3	・グループごとに発表する This is（料理名）. We use（食材）. There is/are X in（国名）.（国名）is famous for X. The route to collect ingredients is ～. ・紹介されたルートを聞き取り，そのルート通りにプログラミングをし，ロボットを走らせる

中学校英語のまとめ時期の文法や表現を使って

5 評価

この授業における2元配置アセスメントの観点（Dual Focus Assessment）（巻末資料参照）

目標表現を理解し活用する	世界の特産物を調べ，それを集めるためのプログラムを組むことができる
言語 ・英語のプログラミング言語を使用しすることができる。 ・プレゼンテーションの中で，There is/are X in Y. Y is famous for X. の表現を使用し発表できる。	内容 ・ビジュアルプログラミング言語を理解し，最適解をプログラムすることができる。 ・世界の特産物について調べ，日本との関わりについて考える。

6 Teacher Talk 例

学習活動	主な発問と生徒の思考の流れ	指導上の留意点
プログラミング言語を理解し，実際にライントレース型のロボットを動かす。	This is a programming robot. We program using blocks to move this robot. The code is written in this block. Combine this with programming. If you want to move this robot 5 steps straight, you use this block marked 8 move forward distance 5 steps speed medium.（図４） Learn the programming language with Quizlet©.	タブレットPCを使用する。
日本に輸入されている食品や，その国の特産物について調べる。	Mexico is the number one importer of asparagus (fresh and refrigerated) and Australia is the second largest. But I want to eat white asparagus salad. There is white asparagus in Germany. Germany is famous for white asparagus.	地図帳や農林水産省のサイトを利用する。
特産物を効率よく集めるための道順をプログラミングする。	We will make white asparagus soup. We need white asparagus, milk and butter. The route to collect the ingredients is this. We'll leave Japan, get white asparagus in Germany, then get butter in France and milk in Hokkaido. We must go Hokkaido last because milk sours easily.	事前情報は最小限にして活発に意見交換する。

※ Quizlet© はオンライン単語学習ツールです。

7 授業のアイデアとワークシートの使い方

第1時「スクリプト学習」

準備するもの：ネットに繋がったデバイス（PC やタブレット PC）

Google 社の Google Blockly を使用した Blockly Games や，今回使用する Ozobot（© 2020 Ozobot & Evollve, Inc. United States Patent Nos. 9,486,713 and 9,545,582.）を動かすための Ozoblockly 等のビジュアルプログラミング言語を使用し，プログラムの基礎を学びます。これはスクリプトが書かれたバーをドラッグして組み合わせるものです。多言語で作成しており，英語版も使用できます。例えば Blockly Games では，図１のようにジグザクの道をたどる場合は「while（notDone（））{moveForward（）；turnLeft（）；moveForward（）；turnRight（）；}」というようなプログラムを組む必要がありますが，図２のようにブロックを組み合わせることでプログラミングを行うことができます。

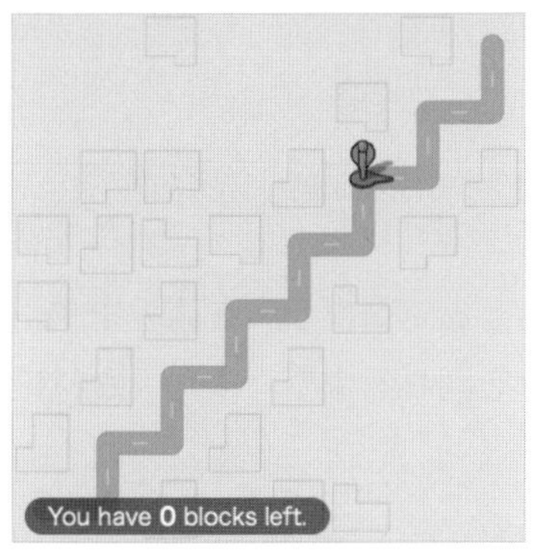

図１

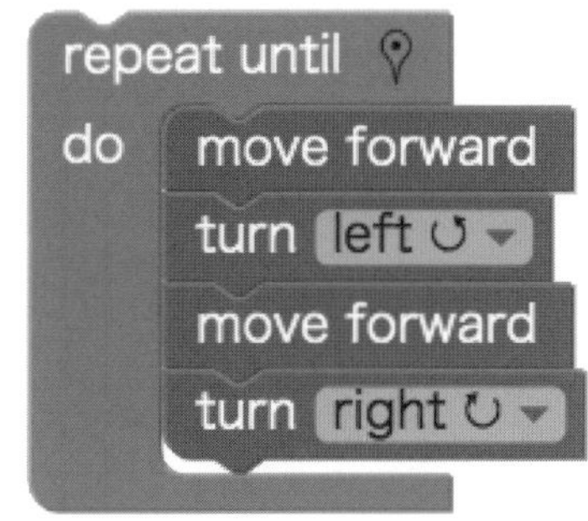

図２

Ozobot（図３）はアンプラグドでも使用できるプログラミングロボットで，マジック等で書いた黒い線の上を走らせることもできますが，OzoBlockly（図４）を使用し，そのプログラム内容をロボットに転送し動かすことができます。

©2020 Ozobot & Evollve, Inc. United States Patent Nos. 9,486,713 and 9,545,582.

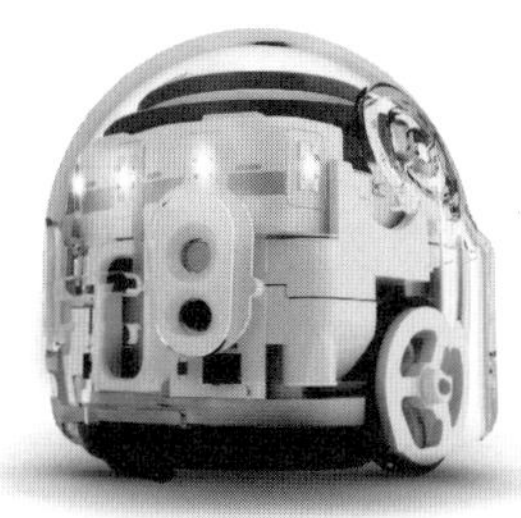

図３

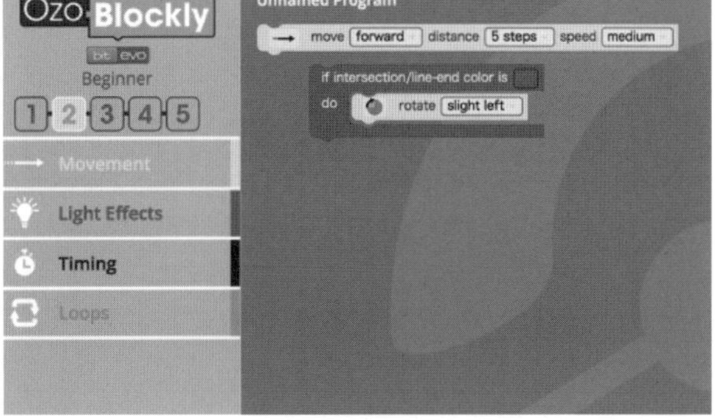

図４

第２時「世界の特産品を調べよう」

三色栄養を参考に，バランスが良く栄養たっぷりな料理の献立を班で考えます。そして，その新鮮な食材を全世界から集めます。地図帳やインターネットを使用し，その食材が，どこが名産地（ゴーダチーズならオランダ，メイプルシロップならカナダ）か，日本が輸入をしている国はどこかを調べます。世界地図上に国名と特産品を記入します。

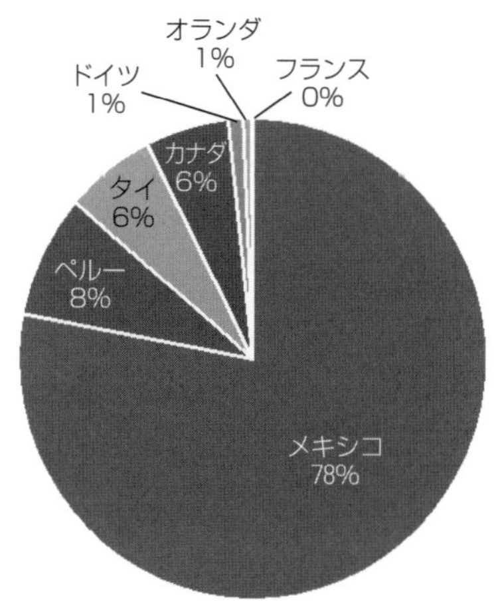

図５　アスパラの輸入国　データ引用元（e-Stat 政府統計の総合窓口統計で見る日本）

次にその食材を集めるために，地図上にロボットを走らせるプログラムを組みます。地図上に入っている格子状の線を道と仮定します。効率良く国々を回れるよう，また，食材の素材によってその鮮度などを考え，プログラミングを行います。

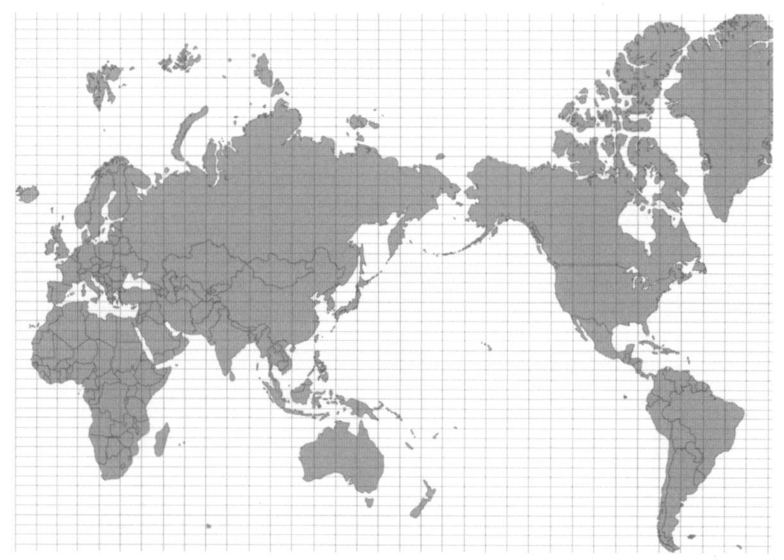

図６

第3時「発表しよう」

作成した料理を，“This is（料理名）. We use（食材）. There is (are) X in（国名）.（国名）is famous for X.” の表現を使用し発表します。その次に “The route to collect ingredients is～.” の表現を使用し，ロボットが走るルートを紹介します。

・紹介されたルートを聞き取り，そのルート通りにプログラミングをし，ロボットを走らせます。

表1　料理とその材料，主な生産国のワークシート

料理名	材料	国
緑黄色野菜と鶏もも肉のオーブン焼き Oven-baked green and yellow vegetables and chicken thighs.	ロマネスコ	イタリア
	パリジャンボール（玉人参）	ベルギー
	かぼちゃ	ニュージーランド
	パプリカ・ピーマン	韓国
	岩塩	ドイツ
	チーズ	オランダ
	鶏肉	日本（宮崎）

This is Oven-baked green and yellow vegetables and chicken thighs.
We use romanesco, parisian carrots, pumpkin, paprika, green peppers, rock salt, cheese, and chicken. There is romanesco in Italy.
Italy is famous for Pizza.
The route to collect ingredients is～.
Thank you.

チャレンジ活動（Further study）

・各国の特産物を知るとともに，多くのものを輸入に頼っている日本について知り，食料自給率や持続する社会について考える。

（参照）オゾブロックリー　https://ozoblocly.com

（中田　葉月）

防災×英語

地震にそなえるためには

ターゲット表現	不定詞 to　What can you do to ～?
単元の目的	地震が起きたときの避難のありかたと，起きたあとの生活を考えることから，災害にどのような備えや社会の仕組みが必要かを考える。

Content	Communication	Cognition	Culture & Community
教科・活用知識 地震の揺れの伝わり方を知る。 防災について考える。	**言語知識・技能** ペア・グループで防災について考える言語活動を行う。	**思考力・批判的思考力** 高次思考力：地震発生時と避難についてクラスの仲間の意見や調べ学習から自分の考えを整理し，防災新聞としてまとめる。	**協同学習・地域の一員としての意識** 自分の住む地域や環境でどのように避難すれば良いか，どのような危険があるかについて考える。

1 単元について

もし地震が起きたらどのように命を守れば良いかについて考えます。避難所を調べたり，避難用持ち出しバッグの中身について意見交流し，防災新聞をグループで作成します。

2 授業の概要

・地震が起きたときの避難のありかたと，起きたあとの生活を考えることから，災害にどのような備えや社会の仕組みが必要かを学びます。（内容）
・地震や防災・避難時に必要となる英語の語彙や表現を学びます。（言語）

3 言語と思考

【語彙やフレーズの４群】この授業で出会う単語と表現

earthquake / P-wave / S-wave / emergency / tsunami / fault plane / hypocenter / epicenter	hit / slide / bump / occur / slip	What can you do to save your life? What do you need if you go evacuation shelter?	P-wave is faster than S-wave. When the plates hit, bump or slide, the earthquake happens?
1群：教科特有の言語	2群：他の場面でも使える表現	3群：授業で発話する時の表現 (speaking frame)	4群：特別な概念を共有する目標表現

4 単元計画

時数	内容
1	・過去の地震被害について映像を見て知る ・地震の揺れが伝わる仕組みを理解する ・地震が起きたとき，どのような危険があるかを考える ・地震から身を守るための方法を話し合って考える ・避難するために大切なことを整理する（ワークシート①）
2	・津波から身を守るために，どのような場所に避難すべきかを考える ・地震発生直後に起きる災害について考える ・地域の避難場所を調べ，避難するために大切なことを整理する（ワークシート②）
3	・避難後の生活について，過去の震災から理解する ・災害時の備えについて考える ・避難用持ち出しバッグの中身を考える（ワークシート③）
4	・防災新聞を作成する
5	・防災新聞について発表し，意見を交流する ・災害や防災についての自分の意見をまとめる

5 評価

この授業における２元配置アセスメントの観点（Dual Focus Assessment）（巻末資料参照）

目標表現を理解し，自分の意見を表現することができる

地震と防災についての自分の意見を整理し，伝えることができる

言語

・ワークシートや意見の交流で表現を繰り返し，やり取りをしているか。
・ターゲット表現とともに，災害や防災に関する表現を意識して使っているか。

内容

・災害が起きたときの避難や，備えについて意見を交流し，自分の意見を整理し発信することができるか。
・地震や防災に関する知識を整理し，分かりやすく伝えられているか。

6 Teacher Talk 例

学習活動	主な発問と生徒の思考の流れ	指導上の留意点
地震発生時には，動かない・落ちてこない・倒れてこない場所に避難することを生徒とのやりとりを通して引き出す。	When an earthquake happens, what can you do to save your life? I can protect my head. / I can go to a safe place. Where is the safest place in this picture? (Students point at the picture.) Does ○○ move when an earthquake happens? Does ○○ fall over when an earthquake happens?（ワークシート①）	実際に使っている教室の写真を使って，実生活と結びつけて考えやすくする。
地震が起きた後の災害について考える。	What will happen after an earthquake? Fire. / Many things break. / Dangerous. What can we do to save our lives in these situations? I can use a fire extinguisher. / I can use an AED. / We need water. If a tsunami happens, what can we do to save our lives? And where should we go?（ワークシート②）	動画や画像を提示し，イメージしやすいようにする。
避難後３日間どのようなものが必要になるか考え避難用持ち出しバッグの中身を提案する。	What do we need if we go to an evacuation shelter? Water. / Snacks. / Flashlights. / Smartphones. How about Haruka's family? Do they need water? Yes, they do.（ワークシート③）	まずは何が必要であるかを考えてからワークにうつる。

7 授業のアイデアとワークシートの使い方

ワークシート①「地震から身を守る方法や避難の方法を考えよう」

地震などの災害時にどのような行動をすればよいか，互いに知っていることを尋ね合い交流します。地震の揺れが伝わる仕組みについて動画を視聴し，その後内容について英語で整理し，地震が発生した直後の避難について考えます。地震が起こった時には「動かない」「落ちてこない」「倒れてこない」場所に避難するということを，生徒とのやりとりを通して引き出します。次に教室等の授業風景の写真を見て，動きそうなものや落ちてきそうなものはどこにあるかについて話し合い，避難場所について意見を交流します。

ワークシート②「地震が発生した後，どのように行動すべきか考えよう」

地震が起きた後の災害について考えます。特に，津波が発生した場合にはどのような場所に避難することができるかについてインターネットを使って調べ，整理します。その他にも地震発生後には，火災や土砂崩れ，建物の倒壊などが起きることにもふれ，そのような場合にはどのような行動をとればよいか意見を交流し，考えます。

ワークシート③「避難用持ち出しバッグの中身を考えよう」

避難所での生活の様子について写真などからイメージし，ワークシートの家族が避難する場合の生活を想定して，避難後３日間どのようなものが必要になるかをインターネットを活用して調べ，グループで避難用持ち出しバッグの中身を提案する発表活動を行います。（松田　静香）

ワークシート① 地震から身を守る方法や避難の方法を考えよう

Class　No　Name

☆地震の揺れの伝わる仕組みを，キーワードを参考にして絵や図を使ってまとめよう。

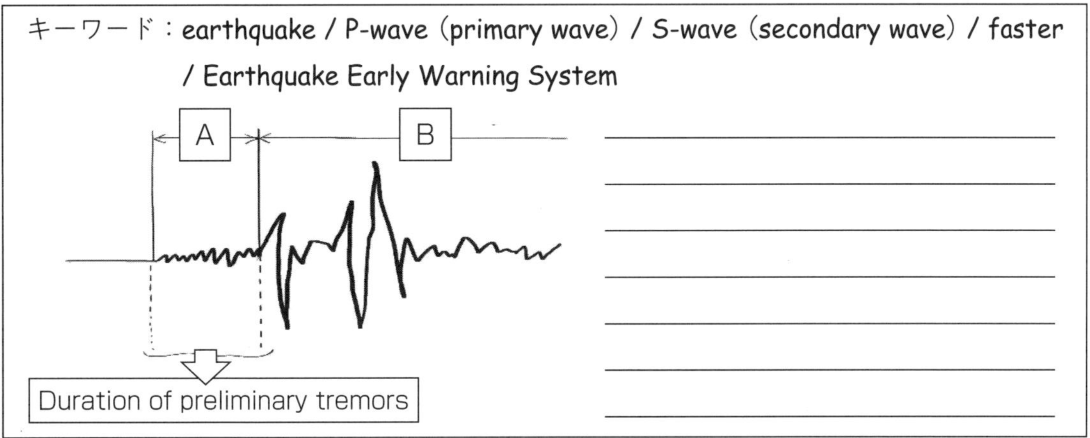

☆それぞれの場所にいるとき，どこに避難するとよいか意見を交流しよう。

①（　　　　）room	②（　　　　）room

☆今日の授業で考えたことをまとめて書こう。

※地震計の図は理科の教科書に掲載されている図をご活用ください。

ワークシート② 地震が発生した後，どのように行動すべきか考えよう

Class No Name

☆地震が発生する仕組みを，キーワードを参考にして絵や図を使ってまとめよう。

キーワード：tectonic plate / hit / bump / slide / slip / fault plane / hypocenter / epicenter /

☆地震が起きたあと，どのような災害が想定されるだろう。

〈What will happen?〉

・ ・ ・

・ ・ ・

〈What should we do?〉

・ ・

・ ・

〈Things we need to rescue other people.〉

・ ・

・ ・

〈What should we prepare?〉

・ ・

・ ・

☆今日の授業で考えたことをまとめて書こう。

ワークシート③ 避難用持ち出しバッグの中身を考えよう

Class　No　Name

☆ハルカの家族に必要なものを考え，避難用持ち出しバッグの中身を提案しよう。

Grandmother	Mother	Father	Sister	Brother	Haruka
Age: 75	Age: 40	Age: 41	Age: 3	Age: 8	Age: 14

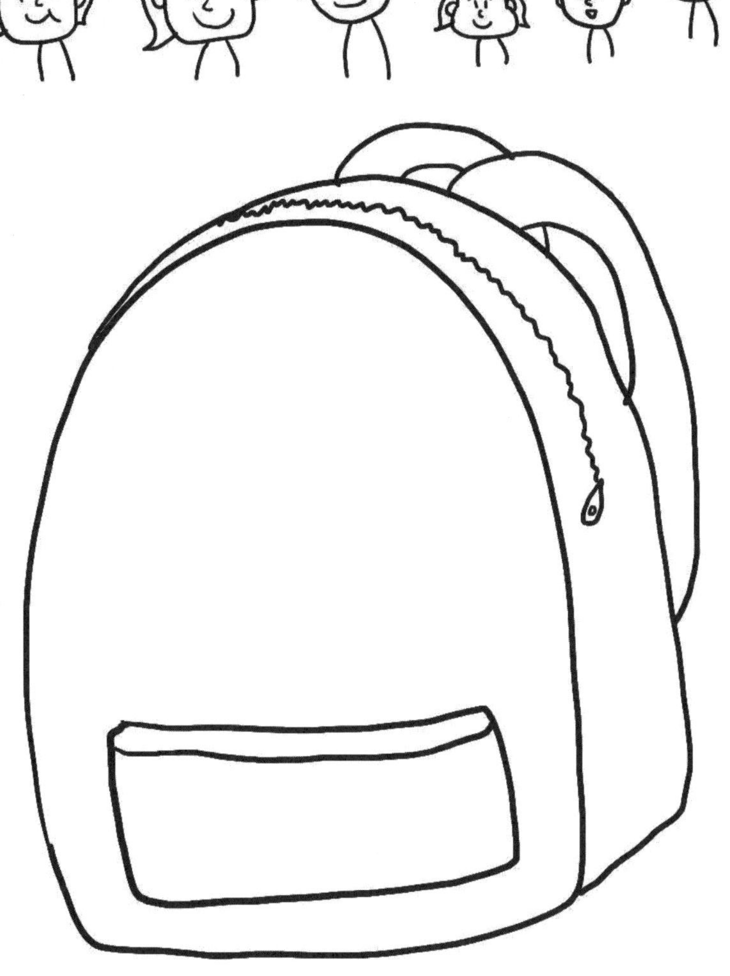

☆今日の授業で考えたことをまとめて書こう。

美術×英語

伝統的な技法を使って表現しよう

ターゲット表現	間接疑問文　Do you know what / where / how
単元の目的	身近なものがどのようにつくられているのかを知り，日本の優れた伝統技法について考え，染色活動を通して伝統工芸のよさや美しさを理解する。

Content	Communication	Cognition	Culture & Community
教科・活用知識 日本の伝統工芸のよさや美しさを染色活動から学ぶ。	**言語知識・技能** 伝統工芸，染色についての言語活動を行う。 Do you know～?	**思考力・批判的思考力** 高次思考力：つくりたい手ぬぐいのイメージを技法から考える。鑑賞活動を通して見方や感じ方を深める。	**協同学習・国際意識** 日本の伝統工芸について，制作体験を通して理解を深める。

1 単元について

日本の伝統工芸品が生活の身近なところに存在していることを学び，そこから染色活動を取り上げ，身近な材料や用具を使い，どのような工程で染色するのかを理解します。また，防染方法の違いによる模様やデザインをペア・グループで予測し防染方法を学び，手ぬぐいの模様やデザインを考えグループ内で発表・鑑賞を行います。

2 授業の概要

・日本のさまざまな伝統工芸品について知るとともに，伝統的な染色方法や防染技法を理解し，オリジナルの手ぬぐいを制作します。（内容）

・美術の学習で使う教科特有の英語の語彙や表現を学びます。（言語）

3 言語と思考

【語彙やフレーズの４群】この授業で出会う単語と表現

tie dye / dye solution / rubber bands / soak in water / resist dyeing / lantern	fold it in six / fold screen / sandwich between two plates / prevent from	Do you know what they are for? Do you know how to dye?	染色の防染技法と関連させる表現 tie the *tenugui* with rubber bands / place *tenugui* on chopsticks
１群：教科特有の言語	２群：他の場面でも使える表現	３群：授業で発話する時の表現 (speaking frame)	４群：特別な概念を共有する目標表現

4 単元計画

時数	内容
1	・身近な伝統工芸品の図を見て地域や伝統工芸品名をペアで考える（ワークシート①）
2	・染色活動で使用する身近な材料や用具について考える（ワークシート②） ・どのような工程でつくられているかを理解する ・防染技法の違いによる模様やデザインをペアで予測する（ワークシート③） ・手ぬぐいの模様やデザインを考え，グループ内で発表する
3	・身近な材料や用具で防染し，手ぬぐいを染色する ・手ぬぐいのよさや美しさをグループで発表し鑑賞活動を深める（ワークシート③）

5 評価

この授業における2元配置アセスメントの観点（Dual Focus Assessment）（巻末資料参照）

目標表現を理解し活用する	染色の表現方法を理解する
言語 ・ワークシートや制作を通して表現を繰り返し実際のやり取りをしているか。 ・間接疑問文（Do you know～?）とともに，染色や防染に関する表現を意識して使っているか。	内容 ・手ぬぐい制作を通して染色や防染の技術を身につけることができたか。 ・日本の優れた伝統工芸の技術が，よさや美しさにつながっていることが表現活動を通して意識できたか。

6 Teacher Talk 例

学習活動	主な発問と生徒の思考の流れ	指導上の留意点
日本の伝統工芸品の図を見て答える。	Look at these pictures. Do you know these Japanese traditional crafts? Do you know where they are made? Yes, they're made in Kyoto. Do you know what they are called in English? Do you know what they are for? Talk with your partner.（ワークシート①）	伝統工芸品の写真や地図を見せ，地域や工芸品の英語の言い方を答えさせる。

染色に必要な材料と用具を知る。活動工程を理解する。防染(resist dyeing)の違いによる完成図を予測する。デザイン画を描く。	Look at the tools and materials, choose the correct words from the box.（ワークシート②） Do you know how to dye the *tenugui*? Place the pictures in order. Resist dyeing means to prevent dye from coloring the fabric. In what pattern do you want to dye the *tenugui*? どの防染技法を使って染めるか考えます。（ワークシート③）	材料や用具の図を見て活動の見通しを立てさせる。 防染技法の違いを見せる。 デザイン画を元に意見交換させる。
グループで手ぬぐいを防染し染色する。 グループで作品を鑑賞する。	Let's tie the *tenugui* with these materials. 手ぬぐいを割り箸，板，豆，輪ゴム等で縛ります。 Then soak the *tenugui* in the water and in the dye solution. Rinse it and you're finished. Name your *tenugui*, and show it to your friends. Ask your partner to write a comment.	身近な材料で防染，染色させる。 作品を見ながらよさや美しさなどをグループで鑑賞させる。

7 授業のアイデアとワークシートの使い方

ワークシート①「身近にある伝統工芸品について考えよう」 Do you know these Japanese traditional crafts?

伝統工芸品を知らない生徒も多いので，身近な生活の中にあることを気づかせます。国際交流等の学びにも活用できます。地域の伝統工芸品の写真や図を準備し，思考を促します。

ワークシート②「染色活動：使用する材料と用具」 Do you know how to dye the *tenugui*?（手ぬぐいの染色の仕方を知っているかな。）

身近な材料や用具で防染できることを理解させ，ものづくりの楽しさを伝えます。染色活動の見通しを立てさせます。

ワークシート③「防染技法の違いを想像し，手ぬぐいのイメージを考えよう」

割り箸，板，豆等を輪ゴムで縛るとどのような模様やデザインになるか想像させ，偶然に生まれる伝統の技に触れ，模様やデザイン性の面白さも気づかせます。

Resist dyeing means to prevent dye from coloring the fabric.（防染とは布が染まらないようにすることです。）In what pattern do you want to dye the *tenugui*?（どの防染をしてみたいかな。）

チャレンジ活動（Further study）

グループで話し合った防染技法や染色方法を組み合わせオリジナル手ぬぐいを制作しよう。Name your *tenugui*, and show it to your friends.（手ぬぐいに作品タイトルをつけて友達に見せよう。）身近な材料を使用して実際に防染，染色させます。（松井 祐）

ワークシート①「身近にある伝統工芸品について考えよう」

Class No Name

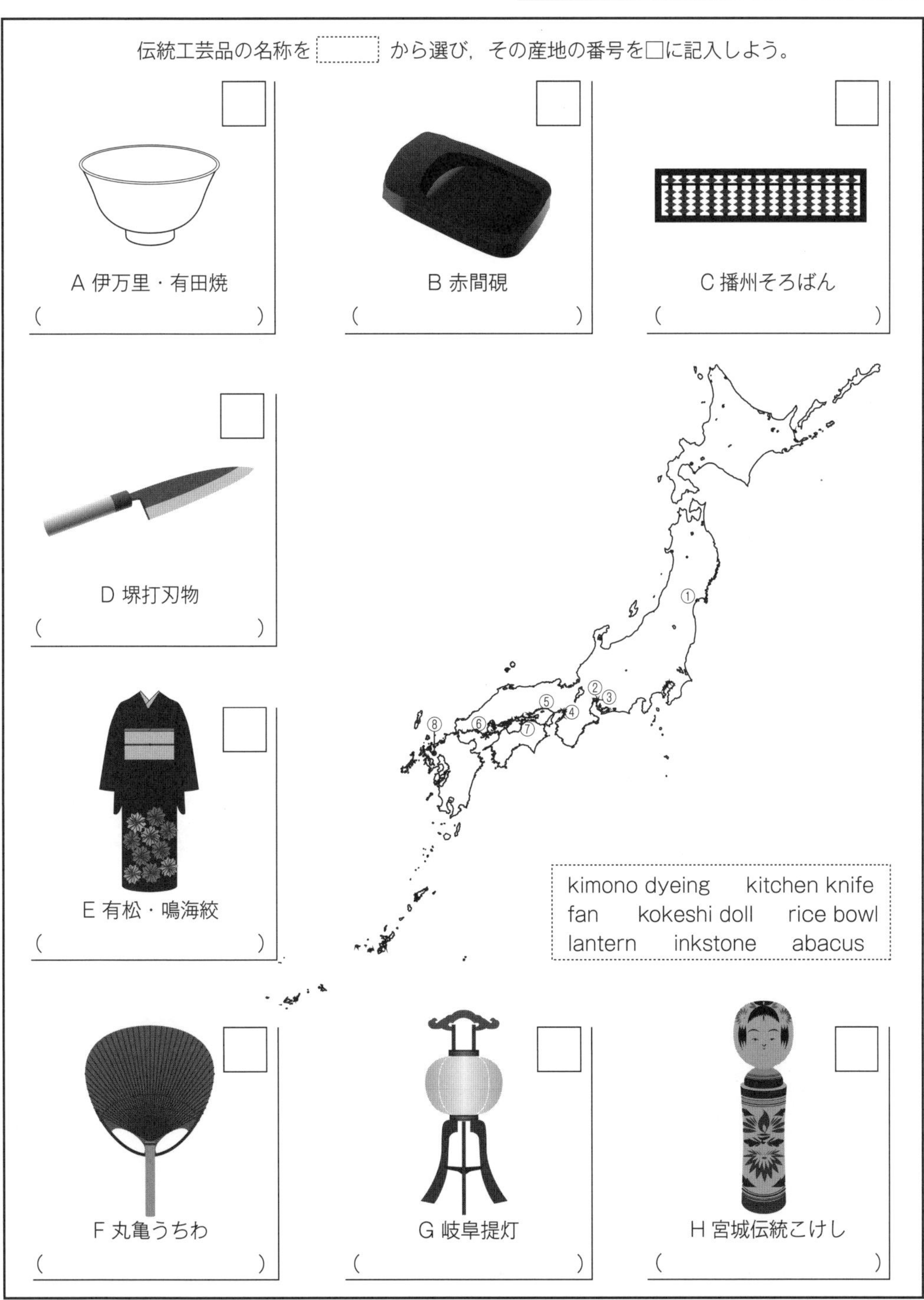

Ans. A rice bowl／⑧ B inkstone／⑥ C abacus／⑤ D kitchen knife／④ E kimono dyeing／③
F fan／⑦ G lantern／② H kokeshi doll／①

ワークシート② 「染色活動：使用する材料と用具」

Class　No　Name ______________________

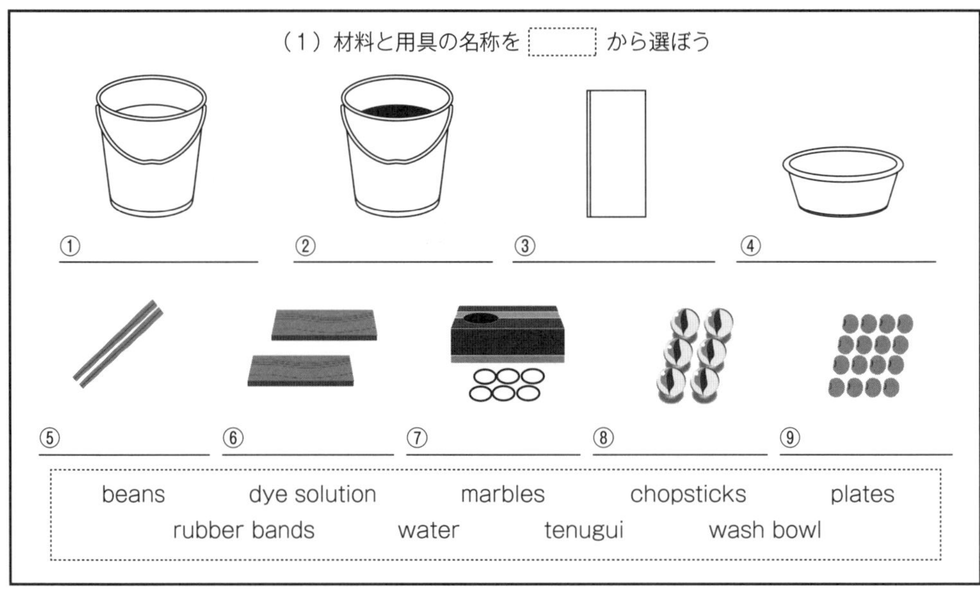

Materials and Tools

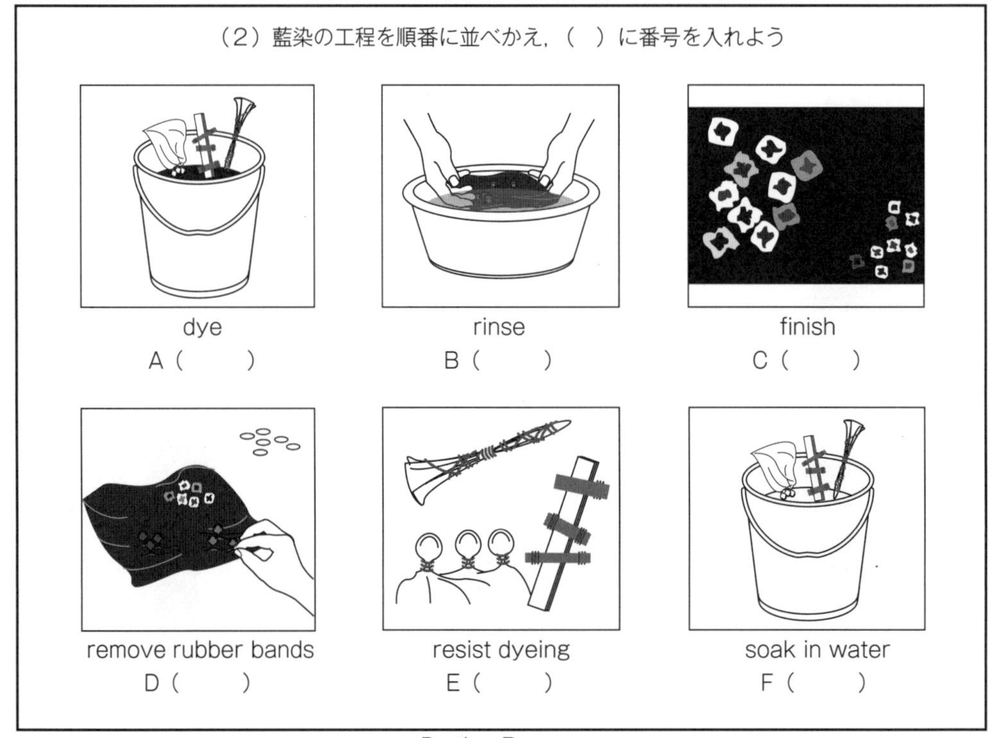

Dyeing Process

Ans.
（1）①water　②dye solution　③tenugui　④wash bowl　⑤chopsticks　⑥plates　⑦rubber bands　⑧marbles　⑨beans

（2）A(3)　B(4)　C(6)　D(5)　E(1)　F(2)

ワークシート③「防染技法の違いを想像して手ぬぐいのイメージを考えよう」

Class　No　Name

身近なものを使った防染技法

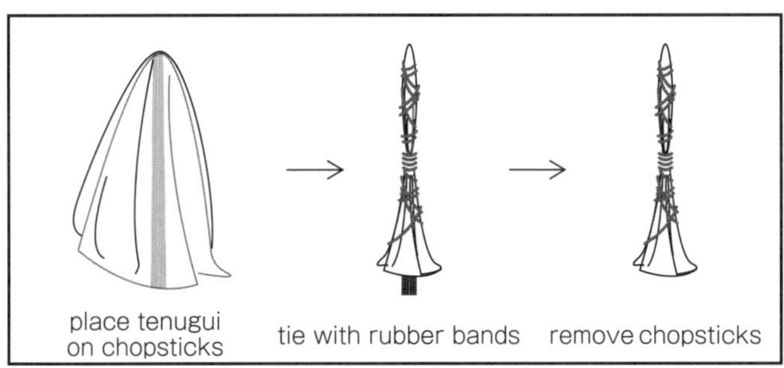

A Tie with chopsticks.

think about patterns

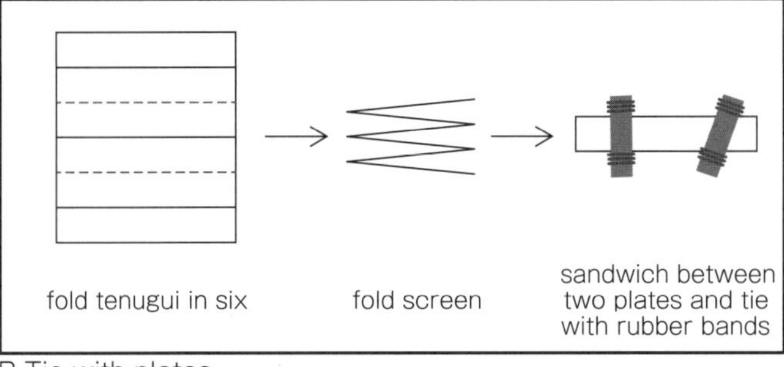

B Tie with plates.

think about patterns

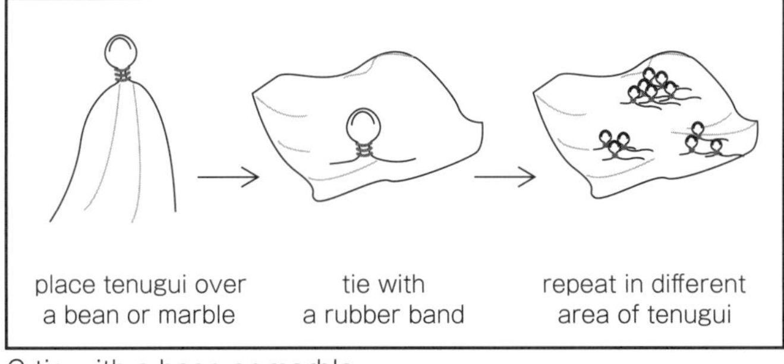

C tie with a bean or marble.

think about patterns

Image of finished tenugui

A 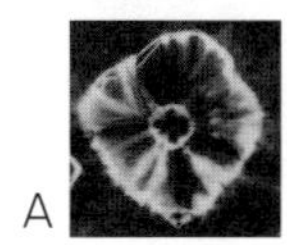　B 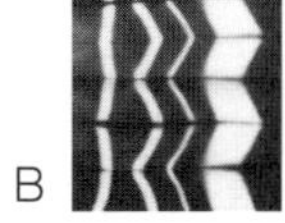　C 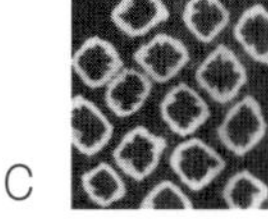

中学校英語のまとめ時期の文法や表現を使って

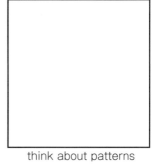

SDGs×英語

パーム油を通して日本と世界を繋ぐ

ターゲット表現	受け身形 be used as / for ... 増加・減少の表現 increase / decrease / rise / double / etc. 割合の表現 account for ...
単元の目的	身近なものを題材にして，自分たちの生活と他国における諸問題との関わりを知るとともに，その問題に対し自分たちがどう振る舞うべきかを考える。

Content	Communication	Cognition	Culture & Community
教科・活用知識 植物油の消費と森林破壊との関連を学ぶ。	**言語知識・技能** 他者との協働による読解・発表活動を行う。	**思考力・批判的思考力** 高次思考力：森林破壊を防ぐ方策を立案し，その利点・欠点を分析する。	**協同学習・国際意識** 地球的課題を自分ごととして捉え，自分たちはどう振る舞うべきかを考える。

1 単元について

この授業では，身近なものに多く用いられている「植物油（脂）」の原料の１つであるパーム油の生産により他の国で森林破壊が起こっていることを学びます。リサーチや読解からパーム油の特徴と用途，森林破壊との関わりについて学んだ後，森林破壊を抑制するための方策およびその利点・欠点を考察するとともに，グループ間でアイデアの相互評価を行います。

2 授業の概要

・パーム油の用途や消費量，森林破壊の現状とその改善について学び考えます。（内容）
・増加や減少，割合を示す表現に加え，環境問題に関する語彙を学びます。（言語）

3 言語と思考

【語彙やフレーズの４群】この授業で出会う単語と表現

plantation / tropical rainforest / social impact / versatility / deforestation	be used as / for ... / have risen / doubled / account for ... / not only ... but also ...	Palm oil is used as a biofuel. The percentage had risen to 65%.	影響・因果関係を示す表現 ...has some impacts on... 策の提案を示す表現 In order to..., we should...
１群：教科特有の言語	２群：他の場面でも使える表現	３群：授業で発話する時の表現（speaking frame）	４群：特別な概念を共有する目標表現

4 単元計画

時数	内容
1	・スナック菓子の原材料表示に書かれている「植物油（脂）」とは何かを話し合う。 ・植物油の原料として世界で最も多く用いられているパーム油について，原料のアブラヤシ，製造方法，用途，生産量，多く用いられている理由などを調べ，結果を共有する（ワークシート①）。
2	・前時に調べて分かったことを確認する。 ・語句・表現の導入を行った後，ジグソーリーディングを用いて文章の読解（ワークシート②）を行う。 ・文章の内容について Q/A を行い，内容を理解しているか確認する。
3	・文章の内容を踏まえ，自分たちの生活と森林破壊の因果関係を意識しながら，アブラヤシのプランテーション拡大を防ぐために自分たちができることを考えて，その利点・欠点とともにワークシート③にまとめる（または口頭で発表する）。 ・回し読みやギャラリートークなどで他のグループのワークシートに対する簡単なピア・フィードバックを行う（口頭発表の場合は，評価シート（ワークシート④）に評価を記入したものを発表者に渡す）。 ・戻されたワークシート（または評価シート）を見ながらリフレクションを行う。

5 評価

この授業における２元配置アセスメントの観点（Dual Focus Assessment）（巻末資料参照）

目標表現を理解し活用する

森林破壊を抑制する方法を考える

言語

・目標表現の知識を活用しながら文章の内容を理解できているか。
・増加・減少・割合の表現を活用しながら，自分たちの考えを表現できているか。

内容

・自分たちの生活と他国における森林破壊との結びつきを理解できるか。
・アブラヤシのプランテーションによる森林破壊を防ぐためにどう振る舞うべきかを考えて表現できるか。

6 Teacher Talk 例

学習活動	主な発問と生徒の思考の流れ	指導上の留意点
スナック菓子の原材料表示に書かれている「植物油（脂）」について考える。	Look at the snack packages. All of them have something in common. What is it? / Yes, *shokubutsu-yu* is used for all these snacks. What is *shokubutsu-yu*? What is it made from? Name as many ingredients as possible.	多くのスナック菓子に植物油が使われていることを生徒自身が発見するよう促す。
植物油について調べる。	What ingredient is used the most for vegetable oil? / How much of the world's vegetable oil does palm oil account for? / What is palm oil used for? / Why is palm oil used so much? What's the reason why palm oil is so popular?	生徒に調べさせ，増加・減少・割合の表現を用いて情報共有させる。
プランテーション拡大を防ぐために自分たちができることについてアイデアを発表する。	Now you know that our daily life in Japan is connected to the deforestation in Indonesia. I'd like each group to think about what we can do to stop deforestation in our daily lives, and write your ideas on the worksheet. Discuss the advantages and disadvantages of the ideas too.	自分たちの提案について，利点と欠点についても検討させる。

7 授業のアイデアとワークシートの使い方

ワークシート① What is palm oil?

日本植物油協会のサイトなどを用いて，日本および世界における植物油の原料について調べたのち，植物油の原料として世界で最も多く用いられているパーム油について，原料のアブラヤシの特徴，パーム油の製造方法，用途，各国における生産量，多く用いられている理由について調べ，結果を共有します。１つのグループが全項目を調べるのではなく，グループごとに調べる項目を分担し，調べた内容をクラスでシェアしてもらうのもよいでしょう。

ワークシート②　読解用文章

パーム油の概要，用途，特徴，プランテーションによる環境への影響などについてまとめた英文を用意します。英文作成にはWWF（世界自然保護基金）のウェブサイト，内容の理解にはDEAR（開発教育協会）発行の教材「パーム油のはなし」などが参考になります。ジグソーリーディング[1]を行う場合は，あらかじめ各グループの人数（＝エキスパートグループの数）とセクション数をあわせておく（各グループの人数を４人とするのであれば，文章のセクション数も４つにしておく）とよいでしょう。

ワークシート③　What can we do to stop deforestation in Indonesia?

Fishbone diagramで森林破壊が進む原因について確認・整理した後，森林破壊を食い止める方法についてグループで話し合います。自分たちの提案の利点・欠点についても書き込むことによって，自分たちの提案について批判的に分析することができます。記入したシートをグループ間で回し読みし，「これはいい考え」「なるほどね～」「これは思いつかなかった」など心を動かされた内容の箇所に★をつけるなどして簡単なフィードバックを生徒間で行うことによって，クラス内で多様な意見を共有することができます。大きく印刷して，ポスターセッション形式で発表するのもよいでしょう。

ワークシート④　口頭発表の場合に用いる評価シート

他のグループの発表を聞き，簡単にピア・フィードバックを行う際のシートです。コメントを英語で書かせるか日本語で書かせるかは状況に応じて決めていいでしょう。ネット環境があれば，代わりにGoogle Formsなどを用いることもできます。

チャレンジ活動（Further study）

時間に余裕があれば，さらに次のような活動に取り組んでみるのもよいでしょう。

- パーム油のプランテーション拡大による影響は，自然環境への負荷以外にどのようなものがあるか，調べて発表する。
- パーム油の生産が引き起こす諸問題について，パーム油を製品の原料として使っているメーカーの考えを聞き，その回答をまとめて発表する。
- 持続可能なアブラヤシ製品の成長と利用を促進することを目的としたRSPO（Roundtable on Sustainable Palm Oil）認証制度について調べて発表する。

（工藤　泰三）

[1] グループ内で読む部分を分担し，自分の担当箇所を他のグループの同じ箇所担当の人たちとともに読解し（エキスパートグループ），その後に元のグループに戻り担当箇所の内容をグループ内でシェアするという読み方。工藤（2019）を参照。

ワークシート① パーム油ってどんな油？

What is palm oil?

Group No. ____________

Q1 ~ Q3	Q4 ~ Q5
Q1：What does an oil palm look like? Draw a picture of an oil palm tree on the other side of this worksheet. Q2：How is palm oil produced? Describe the process. Q3：What is palm oil used for? Name as many products as possible.	Q4：How much palm oil is produced in the top 3 countries? Do research and complete the table. (see table below) Q5：Why is such a large amount of palm oil used in the world? Name more than two reasons.

Rank	Country	Amount of production (tonnes per year)
1		
2		
3	(ex) Thailand	2,820,000

ワークシート② 読解用文章（例）

Part 1: Increasing production of palm oil

In your daily life, you can see many products that contain palm oil : chocolate, potato chips, shampoos, detergents, and lipsticks. In 2017, the world produced about 70 million tonnes of palm oil, which accounted for more than 50% of all vegetable oil produced in the world. Worldwide demand for palm oil is still increasing, and it is expected to be 240 million tonnes by 2050.

Part 2: Why it is so popular

Palm oil has two major features that make it very popular. First, it is very productive. The yield is much greater than other oil crops, and production costs are much lower. Second, it can be used for many purposes. Cooking oils, margarine, ice cream, detergents, soaps, shampoos, and lipsticks are only some of the products containing palm oil.

Part 3: Grown in plantations

Since 1970s, palm oil has been produced in large-scale plantations. They are monoculture plantations, in which only one kind of plant is grown by an agricultural company. ...（後略）

ワークシート③ インドネシアの森林破壊を食い止めるために私たちができること

What can we do to stop deforestation in Indonesia?

Group No.

<Cause and effect> Describe the causes of deforestation in Indonesia.

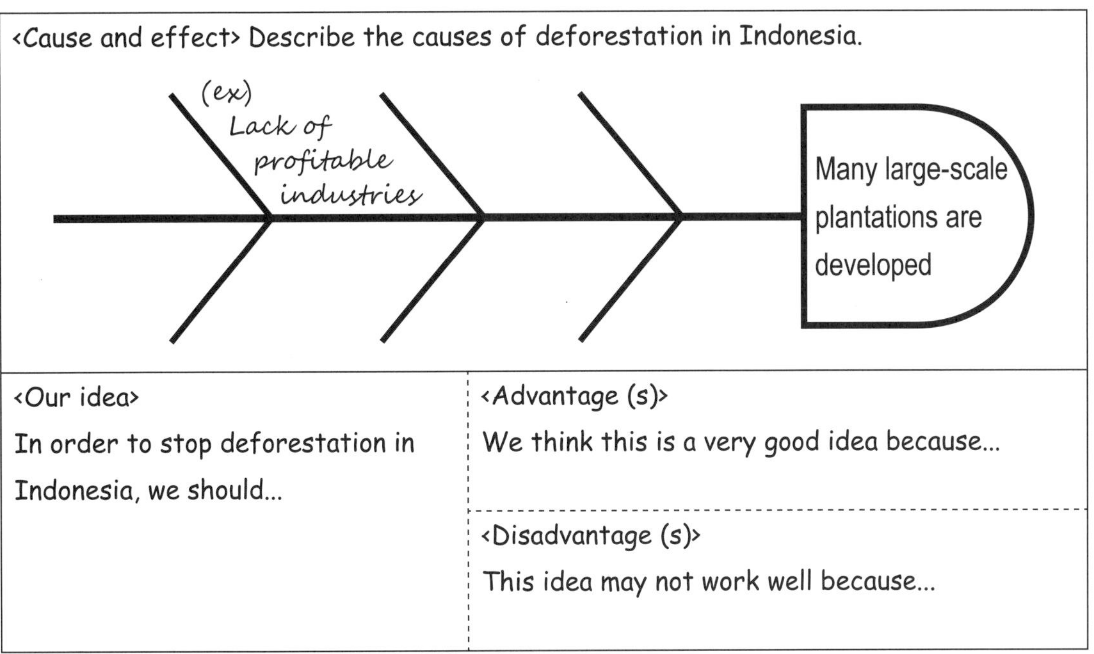

<Our idea> In order to stop deforestation in Indonesia, we should...	<Advantage (s)> We think this is a very good idea because...
	<Disadvantage (s)> This idea may not work well because...

ワークシート④ 発表の評価シート

Listen to the presentation and give feedback on it.

Presenter :　　　　Your name :

<Content>			
1. Is the idea reasonable?	Yes!	So-so	Umm...
2. Does the idea sound feasible?	Yes!	So-so	Umm...
3. Do you feel like trying the idea?	Yes!	So-so	Umm...
<Language & Delivery>			
4. Is the presentation easy to understand?	Yes!	So-so	Umm...
5. Is the voice clear and loud enough?	Yes!	So-so	Umm...
6. Does the speaker speak to you?	Yes!	So-so	Umm...
<Overall comment>			

国語×英語

「古典文学」と言葉の美しさ

ターゲット表現	仮定法　If I were ～.　比喩的描写　X is Y.
単元の目的	古典文学を通してさまざまな詩の技法と言葉の美しさに触れ，自己表現する。

Content	Communication	Cognition	Culture & Community
教科・活用知識 古典詩を楽しむ。 詩の技法を使ってオリジナルの詩を書く。	**言語知識・技能** 押韻，対比，比喩，などの技法を知る。 If I were ～	**思考力・批判的思考力** 高次思考力：好きな季節をテーマにした英詩を書く。 世界の国々の季節について調べ，なぜそのような違いがあるのか考える。	**協同学習・国際意識** 日本の古典の英訳や世界の英詩を読み，英語の美しさや状況を表現する訳し方に触れる。

1 単元について

この授業では，１時間目に清少納言の『枕草子』を原文で読み，それを英訳した文章と比較します。また，その他の文学作品や海外の古典詩に触れ，詩の技法が使われていることに気づきます。２時間目には季節をテーマにした英語の詩を鑑賞し，自分の好きな季節について詩を書きます。

2 授業の概要

・『枕草子』を読んで日本の四季の美しさを知り，また英詩の鑑賞や英詩の作成を通して言葉の美しさを楽しみます。（内容）
・仮定法や，情景を表す英語表現を使います。（言語）

3 言語と思考

【語彙やフレーズの４群】この授業で出会う単語と表現

poem / faint red / purplish / flit to and fro / glittering / hum of the insects	It is beautiful indeed when snow has fallen during the night.	How beautiful it is! As the light creeps over the hills.	比喩表現，押韻等　hum of the insects / Sound the flute! Now it's mute. / friend of the maturing sun
１群：教科特有の言語	２群：他の場面でも使える表現	３群：授業で発話する時の表現 (speaking frame)	４群：特別な概念を共有する目標表現

4 単元計画

時数	内容
1	・清少納言『枕草子』の英語版を読んで，どのように英語訳されているか比較し，自分なりの英語訳を考える ・日本の古典や世界の古典に触れ，そこで使われている詩の技法に気づく
2	・季節をうたった英語の詩を鑑賞する ・好きな季節を選んで，オリジナルの詩を書いて詩集を作る

5 評価

この授業における２元配置アセスメントの観点（Dual Focus Assessment）（巻末資料参照）

目標表現を理解し活用する

言語

・Teacher Talk，英詩の鑑賞や作成の中で実際のやり取りを通じて目標表現を理解できているか。

・仮定法とともに，情景を表す表現を探し，意識して使っているか。

日本の古典や英語の詩を通して言葉の美しさを楽しむことができる

内容

・さまざまな英語の文章に触れながら，言葉の美しさや詩の技法，英語表現の工夫に気づくことができる。

・友達と協力して英語で作詩に取り組むことができる。

6 Teacher Talk 例

学習活動	主な発問と生徒の思考の流れ	指導上の留意点
『枕草子』の英語訳を読みどのように英語訳されているか比較する。 自分が翻訳家や詩人ならどのように訳すか考える。	Have you read *"Makuranososhi"* ? Here is a famous translation of it. Read Japanese classic literature and compare how it is translated into English. If you were a translator or poet, how would you have expressed it? Instead of thinking, close your eyes and imagine the season. What kind of scenes come to your mind? A mountain with beautiful autumn leaves, such as red and yellow…? Can you describe it in words?（ワークシート①）	原文の意味を確認してから英語を見てみる。 色や景色を思い浮かべながら，それらを言葉で表すように促す。

日本の古典や世界の古典に触れ，詩の技法に気づく。	Read another example of Japanese literature: *Heikemonogatari*. And this is a traditional English classic : *Old Mother Hubbard*. What poetry techniques are used?（ワークシート②）	詩のリズム，押韻，対比等さまざまな技法があることに気づかせる。
季節をうたった英語の詩を鑑賞する。	Do you know the famous writer, William Shakespeare? He wrote a poem about spring. How do you like it? Let's read the English poems. If you were a poet, how would you have expressed spring?（ワークシート③） **Cognition** × **Language Structure**（思考 × 文構造） 文構造をうまく使って，詩を書きます。情景や感情を伝えるための表現を考えます。	自由な発想で文章を書かせる。

7 授業のアイデアとワークシートの使い方

ワークシート①「『枕草子』を英語で読もう」 Enjoy Japanese classic literature.（日本の古典文学を楽しもう。）

『枕草子』の原文と英語訳を比較して，どのように訳されているかをペア・グループで話し合わせます。また，自分ならどのように表現するか考えさせましょう。

ワークシート②「日本の古典・世界の古典」 Let's read more examples of literature.

その他の日本の古典や世界の古典に触れる機会を与えます。また，リズムや押韻，対比等，さまざまな詩の技法に気づかせます。

ワークシート③「季節の詩を鑑賞しよう」 Enjoy English poems that famous writers wrote. Which poem moves you? If you were a poet, what expression would you use?（有名な作家・詩人の季節の詩を読んでみよう。もしあなたが詩人だったならどのように表現しただろうか。）

ここまで触れたさまざま古典や季節の詩の鑑賞をもとに，自分が詩人ならと仮定し（仮定法を用います）どのような表現を使うかを考えさせます。

チャレンジ活動（Further study） 英語の詩を書いてみよう。

Choose one season and write your own poem. Make a collection of poetry in groups.（季節を選んでオリジナルの詩を書きましょう。グループで詩集を作成します。）

作った詩をクラスで発表させます。色紙に詩とイラストをかくのもよいでしょう。

（伊藤 由紀子）

ワークシート① **枕草子を英語で読もう**

Read Japanese classic literature, and enjoy the beauty of the season. 日本語でなじみのある清少納言の「枕草子」を英語で読んでみよう

春はあけぼの。やうやう白くなりゆく山ぎはすこしあかりて，むらさきだちたる雲のほそくたなびきたる。

In spring, the dawn. As the light creeps over the hills, their outlines are dyed a faint red and wisps of purplish cloud trail over them.

夏は夜。月のころはさらなり，やみもなほ，ほたるの多く飛びちがひたる。また，ただ一つ二つなど，ほのかにうち光りて行くもをかし。雨など降るもをかし。

In summer, the nights. Not only when the moon shines, but on dark nights too, as the fireflies flit to and fro, and even when it rains, how beautiful!

秋は夕暮れ。夕日の差して山の端いと近うなりたるに，烏の寝所へ行くとて，三つ四つ，二つ三つなど飛び急ぐさへあはれなり。まいて雁などの連ねたるが，いと小さく見ゆるは，いとをかし。日入りはてて，風の音，虫の音など，はた言ふべきにあらず。

In autumn, the evenings. When the glittering sun sinks close to the edge of the hills and the crows fly back to their nests in threes and fours and twos, more charming still is a file of wild geese, like specks in the distant sky. When the sun has set, one's heart is moved by the sound of the wind and the hum of the insects.

冬はつとめて。雪の降りたるは言ふべきにもあらず，霜のいと白きも，またさらでもいと寒きに，火など急ぎおこして，炭もてわたるも，いとつきづきし。昼になりて，ぬるくゆるびもていけば，火桶の火も，白き灰がちになりてわろし。

In winter, the early mornings. It is beautiful when snow has fallen during the night, but splendid too when the ground is white with frost, or even when there is no snow or frost, but it is simply very cold and the attendants hurry from room to room stirring up the fires and bringing charcoal, how well this fits the season's mood! But as noon approaches and the cold wears off, no one bothers to keep the braziers alight, and soon nothing remains but piles of white ashes.

＊原詩は文献を参照しながら示すとよい。

ワークシート② 日本の古典・世界の古典　Let's read more examples of literature.

(1) Japanese Literature:『平家物語』

祇園精舎の鐘の声，諸行無常の響きあり。
沙羅双樹の花の色，盛者必衰の理をあらはす。
おごれる人も久しからず，
ただ春の夜の夢のごとし。

・冒頭部分では，深い意味を持った言葉がリズミカルに書かれている。
・英訳例を見てみよう。
自分でも訳してみると面白い。
・文がどのように終わっているか等の特徴について話し合ってみよう。

（英訳例）

The sound of bells echoes through the monastery at Gion Shoja, telling all who hear it that nothing is permanent. The color of Sala flowers reveals the truth that the prosperous must decline…（後略）

(2) English Literature: *Old Mother Hubbard*

Old Mother Hubbard
Went to the Cupboard,
To give the poor Dog a bone,
When she came there,
The Cupboard was bare,
And so the poor Dog had none.

She went to the Bakers
To buy him some bread;
When she came back
The Dog was dead!

She went to the Undertakers
To buy him a Coffin;
When she came back
The Dog was laughing.
[Martin, S. (1805)]

・詩の中に見られる metaphor（隠喩）を探してみよう（X is Y.）。
・気づいたことをまとめたり，アンダーラインを引いたりして確認してみよう。
・声に出し，リズミカルに読んでみよう。
・ここにあるのは，長い詩の一節である。他の部分はどんな表現や技法が使われているのか調べてみよう。

＊原詩は文献を参照しながら示すとよい。

ワークシート③ 季節の詩を鑑賞しよう　Enjoy English poems that famous writers wrote. Which poem moves you? Look for rhymes. If you were a poet, what expression would you use? 有名な作家の英詩を鑑賞しよう。押韻している部分を探してみよう。もしあなたが詩人ならどのように表現するだろうか。

（Spring Poem）「Spring」

Sound the flute!　　Now it's mute.
Birds delight　　Day and night.
Nightingale　　In the dale
Lark in sky　　Merrily,
Merrily, merrily, to welcome in the year.

William Blake 作（1789）

（Autumn Poem）「To Autumn」

Season of mists and mellow fruitfulness,
Close bosom-friend of the maturing sun;
Conspiring with him how to load and bless
With fruit the vines that round the thatch-eaves run;
To bend with apples the moss'd cottage-trees,
And fill all fruit with ripeness to the core;（後略）

John Keats 作（1820）

Further study: 英語の詩を書いてみよう。

Choose one season and write your own poem.

Make a collection of poetry in groups.

If I were a poet, I would write like this…

生物×英語

ペットは人間と暮らして幸せといえるのか

ターゲット表現	現在完了形　have + 過去分詞　データから読む一般事実の叙述
単元の目的	ジョンとエース，そしてクリスチャンとの出会いや生活等を通して，ライオンや動物の生態を学び，人間とペットとの共存という正解が一つではない問いについて考える。

Content	Communication	Cognition	Culture & Community
教科・活用知識 動物の生態や習性，性質，動物の感情情緒を学ぶ。	**言語知識・技能** ペア・グループで共有，ディスカッション，協同学習における言語活動を行う。	**論理的思考力・複眼的思考力** 創造的思考力：授業で問いを立てながら身近にいるペットと人間との関係性について考える。	**協同学習・倫理ジレンマ** 社会における人間と動物との関係性について問い直し，適切解を導く。

1 単元について

この単元は，４つのパートにわかれています。ジョンとエース，ライオンであるクリスチャンとの出会い，クリスチャンとのロンドンでの生活，クリスチャンとの別れと２人の葛藤，そして感動の再会場面です。単元の導入から始まり，リスニング，リーディング，スピーキング，ライティングを統合させながら全８時間での単元計画を設定しました。今回は，その中の導入を含めた１時間と最終ディスカッションテーマをご提案します。

2 授業の概要

・ジョンとエースがライオンであるクリスチャンを育て，野生に返した後再会するまでの経緯と，彼らの心情を理解します。（内容）
・動物と人間の友情や愛情は成立するのか，動物園の動物と野生の動物とではどちらが幸せなのか，ペットにとって人間との暮らしは幸せであるといえるのかなど，本文理解を進めながらディスカッションを繰り返し，共同して思考力を高めます。（言語・思考・協同）

3 言語と思考

【語彙やフレーズの4群】この授業で出会う単語と表現

pride ライオンの群れのこと / pound ポンド / weight / need to sleep	How much time ～. A lion sleeps for ～. A lion is hunting for ～.	The male lion was named Christian. I have seen ～.	Some people think that ～. I agree with ～. I disagree with ～.
1群：教科特有の言語	2群：他の場面でも使える表現	3群：授業で発話する時の表現 (speaking frame)	4群：特別な概念を共有する目標表現

Cognition × Language Structure（思考 × 文構造）

T：Now look at the screen, please.（こちらのスクリーンを見てください。）
What is this video about?（この動画は何に関連した動画でしょうか？）

S1：Lions.（ライオンです。）

T：Yes, you are right. Have you ever seen a lion?（正解。ライオンを見たことがありますか？）

S1：Yes, I have.（はい…）

T：Oh…yes, you have. You have seen a lion.（あなたはライオンを見たことがあるんですね。）

S1：Yes, I have. I have seen a lion.（はい，私はライオンを見たことがあります。）

T：Where did you see it?（あなたはどこでそれを見ましたか？）

S1：I saw it at Tennoji zoo.（私は天王寺動物園でそれを見たことがあります。）

T：I have been there, too. There are many animals there. Which animals do you like the best?（私もそこへ行ったことがあります。たくさんの動物がいますよね。あなたは，どの動物が一番好きですか？）

S2：Lions.（ライオン）

T：You like lions the best.（あなたはライオンが１番好きなのですね。）

S2：Yes, I like lions the best. They look like cats.（はい，私はライオンが１番好きです。ネコに似ていますので。）

T：Yes, but unlike other cats, lions are very social animals.（ネコとよく似ていますが，ライオンはネコと異なり社会性のある動物です。）They live in groups, called prides, of around 30 lions.（彼らはプライドと呼ばれる約30頭の群で生活をしています。）A pride consists of up to three males, a dozen related females, and their children.（プライドは３頭のオスライオンと多くのメスライオン，そしてその子どもた

ちで構成しています。）The size of the pride is determined by the availability of food and water.（プライドの大きさは，水を含む利用可能な食糧によります。）If resources are scarce, the pride becomes smaller.（もし食料が十分でなければ，プライドの大きさは小さくなります。）

T：OK, good. Now this is a lion quiz.（ではここでライオンに関するクイズです。）Question one, what is the usual weight of a male lion?（雄ライオンの体重は一般的に何キロでしょうか？）

S3：Um...300 pounds 350 pounds.....（300ポンドでしょうか？，350ポンドでしょうか？）

T：So close! Male lions weight around.....（おしい，雄ライオンの体重は…）

S3：Male lions weigh around 400 pounds.（雄ライオンの体重は400ポンドです）

T：Yes, that's right. OK, next question.（正解です。では，次の質問です。）How much time does a lion spend just napping or sleeping? A lion sleeps for.....（ライオンの睡眠時間はどれぐらいでしょうか？　ライオンの睡眠時間は…）

S4：A lion sleeps for 7 hours.（ライオンの睡眠時間は７時間です。）

T：Um...let's check the animal picture dictionary.（う～ん，動物図鑑を見てみましょう。）

According to the data, A lion sleeps up to.....（図鑑によると，ライオンの睡眠時間は…）

S4：I got it. A lion sleeps up to 21 hours a day.（わかりました。睡眠時間は１日21時間です。）

T：Good. Why do they need to sleep more than 20 hours? What do you think about that?（なぜライオンは20時間以上もの睡眠が必要なのでしょう？　どのように思いますか？）

There are many differences between animals and humans. Let's think of research questions.（動物と人とでは多くの異なる点があります。リサーチクエッションを考えてみましょう。）

＊人と動物との睡眠時間の相違やその生態について，英語で学びながら，テキスト理解を進め，ディスカッションへ導きます。

4 単元計画

時数	内容
1	・単元内容を生徒の関心度が高い事象と結びつけ、興味関心を高める。 ・パート１の内容をリスニングとリーディング双方の観点から深め、技能を統合する。

	（ワークシート①） ・リサーチクエスチョンを考える。（動物と人間の友情や愛情は成立するのかなど） ・パート１内容理解
2	パート１音読練習 / パート１要約：Shoppers filled a big London department store one day in 1969. John and Ace shared a house in London. They were shopping then for Christmas presents to send to their families in Australia. While they were shopping, they found a small cage with a baby lion in it for sale! "I've never seen a lion at a department store!" Ace cried out in surprise. The baby lion was cute but looked really sad. They felt sorry for the lion in such a small cage. Finally John said, "Let's buy him."
3	パート２内容理解① / パート２音読練習①
4	パート２内容理解② / パート２音読練習②：The male lion was named Christian.（中略）John and Ace felt that their happy life wouldn't last long.
5	パート３内容理解① / パート３音読練習①
6	パート３内容理解② / パート３音読練習②：One day, Christian found a belt in the house and picked it up in his teeth.（中略）The next morning they left early without saying goodbye.
7	パート４内容理解① / パート４音読練習①
8	パート４内容理解② / パート４音読練習②：One year later John and Ace came back to Africa.（中略）The men realized that true friendship and love have no limits. ・既習事項をもとに，倫理ジレンマや哲学的課題について，ディスカッションをする。動物と人間の友情や愛情は成立するのか，動物園の動物と野生の動物とではどちらが幸せなのか，ペットにとって人間との暮らしは幸せであるといえるのか

5 評価

この授業における２元配置アセスメントの観点（Dual Focus Assessment）（巻末資料参照）

目標表現を理解し活用する

言語

・ワークシートやディスカッションで，表現を繰り返し，実際のやり取りをしているか。
・受動態や現在完了形とともに，動物に関する表現を意識して使っているか。

協働し，最適解を探究する

内容

・リサーチ活動に取り組み，背景知識や既習事項を活用して動物の生態や不思議さに気づいているか。
・得られた知識をもとに，解のない問いに対し級友と協力して合意形成をはかることができているか。

6 Teacher Talk 例

学習活動	主な発問と生徒の思考の流れ	指導上の留意点
単元及び言語の導入。	Yes, you are right. Have you ever seen a lion? Oh …yes, you have. You have seen a lion.　Yes, I have. I have seen a lion.（p.85に詳細）	肯定的フィードバックを与える。

7 授業のアイデアとワークシートの使い方

ワークシート①「リスニングタスク」

パート１本文を聴き，空欄に適切な日本語を記入します。２回聴いた後，ペアで情報の共有その後３回目を聴きます。答え合わせ後，パート１の内容を段落毎に英語で要約します。

ワークシート②「リーディングタスク」

リスニングタスクで聴いた英文をリーディングとして読み，速読から精読につなげます。パート１本文にタイトルをつけたり，日本語で要約したり，設問に答えたりします。

（森田 琢也）

ワークシート①

Communication English Lesson 2 (Christian the Lion) Part 1

Class　No　Name ________________

1　Paragraph chart (Listen to the passage and fill in the missing words.)

第１段落

1969年のある日，（　　　　　　　　）がロンドンの（　　　　　　　　　　）にあふれていました。
ジョンとエースはロンドンで（　　　　　　　　　　　）をしていました。
彼らはその時，オーストラリアにいる家族に送るための（　　　　　　　　）を買っていました。

第２段落

彼らが買い物をしている時，（　　　　　）入った赤ちゃんライオンが売り出されているのを見つけました。
エースは驚き叫びました。「（　　　　　　　）をデパートで見たことないよ」

第３段落

その赤ちゃんライオン→かわいい　でも　（　　　　　　　　）に見えた。
彼らは（　　　　　　　　　）だと感じました。
ジョンは言いました「（　　　　　　　　　　　　　　　　）」

Communication English Lesson 2 (Christian the Lion) Part 1

Class　No　Name

2 Comprehension

〈教科書本文の英文〉

① Choose the best title of the part 1.

a) Last Days with Christian　　b) A Baby Lion for Sale

c) Meeting Again　　d) Exciting Life in the City

② Summarize the passage in 70 Japanese characters.

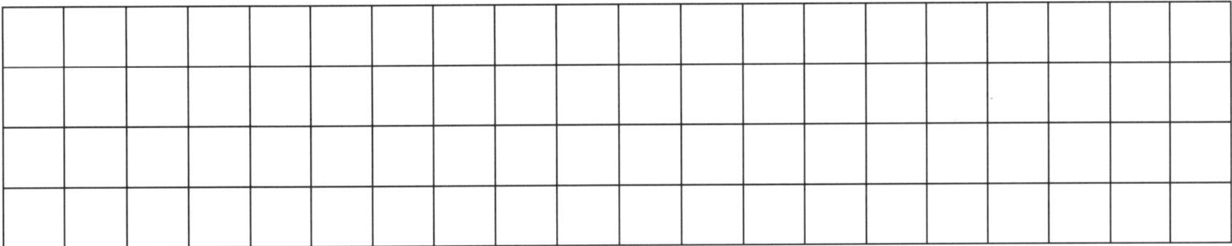

③ Answer each question.

1. Did the baby lion look happy when John and Ace saw him at the department store?

2. What did John say when he felt sorry for the lion?

高校英語の文法や表現を使った発展的な取り組み

社会〔公民〕×英語

世界の子どもたちと私たちの生活

ターゲット表現	関係詞　意見の叙述　When I need X, I felt / think ～.
単元の目的	世界的にみると識字率や就学率が未だ低いという現状を知り，その問題の要因が様々であることを知る。またそれらの問題が私たちの生活と必ずしも無関係ではないことを知り，自分たちにできることがないかを考える。

Content	Communication	Cognition	Culture & Community
教科・活用知識 識字率・就学率・児童労働・子どもの権利条約を学ぶ。	**言語知識・技能** ペアやグループで世界の子どもが置かれている現状を話す。	**思考力・批判的思考力** 高次思考力：世界の子どもたちが置かれている現状と自分の生活を結びつけて考える。	**協同学習・国際意識** 就学が保障されていない児童が多くいることを知り，彼らの権利保障のためできることを考える。

1 単元について

この授業では，１時間目に教育機会が保障されていない現状を知り，子どもの権利について考えていきます。２時間目には，インフォメーションギャップを使って更に具体的な就学を妨げる事例について知ります。やりとりを通じてそれらの事例が自分の生活と無関係ではないことを考えながら深め，状況改善のために自分ができることを調べて発表します。

2 授業の概要

・ワークシートを用いて実例と関連付けなから児童労働の現状について知ります。（内容）
・公民の学習で使う教科特有の英語の語彙や表現を学びます。（言語）

3 言語と思考

【語彙やフレーズの４群】この授業で出会う単語と表現

illiterate / child labor / voting / receive education	be available to / be required for / respect dignity / be forced to	I think X is the correct answer because ～. When I read this passage, I felt ～.	All children should be able to ～.
１群：教科特有の言語	２群：他の場面でも使える表現	３群：授業で発話する時の表現 （speaking frame）	４群：特別な概念を共有する目標表現

4 単元計画

時数	内容
1	・すべての児童生徒に教育が保障されていない現状を知る（ワークシート①） ・子どもの権利条約の一部を読んでみる（ワークシート①）
2	・就学を妨げるいくつかの要因について知る（ワークシート②） ・世界の子どもが置かれている現状と自分の生活を結びつけて考える（ワークシート②） ・問題解決に貢献するために自分たちができることを考えて発表する（ワークシート②）

5 評価

この授業における2元配置アセスメントの観点（Dual Focus Assessment）（巻末資料参照）

目標表現を理解し活用する

言語

・ワークシートを用いて表現を繰り返し，実際のやり取りをしているか。
・クイズや就学を妨げる要因に触れる際，根拠や感想を共有するため目標表現である接続詞を用いているか。

児童労働の現状を知り，考える

内容

・ワークシートの活動に取り組み，就学を妨げる要因と自分の生活との関わりを知ることができたか。
・得られた知識をもとに自分の生活を捉え直しているか。

6 Teacher Talk 例

学習活動	主な発問と生徒の思考の流れ	指導上の留意点
クイズ。	Which one is the correct answer? Why do you think so? How do you feel about it?	単純な質疑にならないよう，理由や感想を問う。
子どもの権利条約を読む。	Let's read the Convention on the Rights of Children. Do you think this is important? Why? Do you think schools in Japan respect students' dignity?	クイズの内容と結び付けられるように発問で導く。

児童労働の実例に対する感想を求める。	How did you feel when you read the passage? Who uses the soccer ball? Which country sold the guns to the army? What do you think about it?	自分の生活に結び付けられるように発問で導く。

7 授業のアイデアとワークシートの使い方

ワークシート①「クイズから子どもの権利を考えてみよう」

単純なクイズ大会にならないよう，正解を選ぶ段階から「なぜそう思うか」を問います。CRC の読解時は語彙が難しいため，生徒の英語力次第では辞書を使いながらペアで読解するよう促します。クイズの答えは(1)D　(2)A　(3)すべて　(4)すべて　です。

ワークシート②「実際の話から子どもの権利を考えてみよう」

②－1と②－2がありますが，最初のペアでは同じ種類のワークシートを持つようにします。最初の読解活動が終わったら，自分たちで立ち上がって異なるワークシートを持つクラスメイトを見つけてペアをつくるよう指示します。時間があれば何度もペアを変えて Task 4 に取り組ませましょう。回を重ねるごとにワークシートを見続けるのではなくアイコンタクトをとるように促します。その後着席させ何人かの生徒に感想を共有してもらいましょう。その際生徒の発言を受けて以下のような事柄を更に質問し，考えを深めてあげるとなお良いでしょう。

英文１に対して：Who uses the soccer ball? Many people bought the soccer balls because they were very cheap. What do you think about it?　英文２に対して：Okero used a gun. But, how did his army get the gun? Do you know Japanese companies sold some of the guns to them? What do you think about it?　英文３に対して：Do you know UNHCR? Some Japanese people are its members. They go to Syria to help its people there. But they don't have enough money to save all Syrians. How can we support them?　英文４に対して：What is a sewing company? Yes, they make clothes. Mazda makes very cheap clothes. You like cheap clothes, right? But, is it okay to buy such cheap clothes?

チャレンジ活動（Further study）

・最後のタスクでプレゼンした内容を実際に実行し，その成果報告会を英語でおこなう。
・子どもの権利条約をすべて英語で読み，日本国内で保障されていないと思う項目を選びその実現のために自分ができると思うことを英語で発表する。

（白井　龍馬）

ワークシート① クイズから子どもの権利を考えてみよう

Task 1 Answer the quizzes written below. You can talk with your classmates about your answers by saying, "I think ～～ is a correct answer because …".

(1) What was the number of children who couldn't go to primary school in 2012?

A. About 4 million children.
B. About 6 million children.
C. About 40 million children.
D. About 60 million children.

(2) What was the number of people who couldn't read or write in 2012?

A. About 800 million people.
B. About 80 million people.
C. About 8 million people.
D. About 8 billion people.

(3) What kind of difficulties do illiterate people have?

A. They can't get a good job easily.
B. They can't take medicine properly.
C. They sometimes walk into dangerous areas.
D. They have difficulty voting properly.

(4) What is the reason some children can't go to school?

A. Some people think that children don't need to receive education.
B. Some children have to support their family by working.
C. In some schools there are no toilets for girls.
D. Some girls have to get married while they are teenagers.

Task 2 This is a quote from the Convention on the Rights of Children [CRC]. Read it and express why it is important by saying, "I think this is important because ～～".

> You have the right to education. Primary education should be required for all children and should be available free of cost. Secondary education should be available to all children. Higher education should be available according to capacity. School discipline should respect students' dignity and rights.

ワークシート②－1 実際の話から子どもの権利を考えてみよう

Task 3 Read the following passages, and share your impressions by saying, "When I read this passage, I felt ～～～". (They are all true stories.)

1. There is a girl named Sonia in India. She began working when she was five. Her job was sewing soccer balls. She could make three soccer balls a day. She could earn about 15 yen daily. She wanted to go to school but she couldn't say so. Her mother was sick, and her family needed money to take care of their mother. She did this job for six years.

2. There is a boy named Okero in Uganda. He was kidnapped when he was twelve years old. After that, he was forced to work as a soldier. A member in his army passed a gun to him and said, "Go and kill people!" He killed one man and woman. When he talked about the experience, he burst into tears. After he stopped crying, he said, "I want to be a teacher. I want to teach children the importance of making a better future for themselves".

Task 4 Retell the stories to your classmates who have worksheet ② -2. Also, listen to your classmates and take notes.

Notes

Task 5 Do research on what we can do to make a better future for children. Make a presentation of your research outcome. Close the presentation by saying, "All children should be able to ～～, so we should …".

〈Key Words〉 fair trade / UNICEF rights of the child/ NGO against child labor / Free the Children

Notes

ワークシート②－2 実際の話から子どもの権利を考えてみよう

Task 3 Read the following passages, and share your impressions by saying, "When I read this passage, I felt ～～～". (They are all true stories.)

3. There is a girl named Aya in Syria. She went to an elementary school but had to stop going after one year because of war. She wanted to go to school, but it was too dangerous to go outside. She was terrified and kept on crying because she could hear the sound of guns and bombs all the time. Four years later she finally could start going to school again.

4. There is a girl named Mazda in Bangladesh. She left her family when she was ten years old, because her family didn't have enough money to raise her. Mazda began to work at a sewing company when she was fifteen years old. She had to work to support her family. Her monthly salary was about 4,800 yen. This was not a daily salary. Mazda said, "I get a higher salary than other female workers."

Task 4 Retell the stories to your classmates who have worksheet ②-1. Also, listen to your classmates and take notes.

Notes

Task 5 Do research on what we can do to make a better future for children. Make a presentation of your research outcome. Close the presentation by saying, "All children should be able to ～～, so we should …".
〈Key Words〉 fair trade / UNICEF rights of the child/ NGO against child labor / Free the Children

Notes

化学×英語

pH 変化のクッション：緩衝液

ターゲット表現	比較　分析　定義　X is ～ than Y.　Xs resist Ys.（例：緩衝液は pH 変化に抵抗する）
単元の目的	水溶液の pH 中和実験を行い，弱酸，強酸がイオンの電離のしやすさ（電離定数）によることを学び，緩衝液の仕組みを理解する。

Content	Communication	Cognition	Culture & Community
教科・活用知識 強酸や弱酸の水溶液の中和について学び緩衝液の仕組みを理解する。	**言語知識・技能** グループで話し合って水溶液の分類をする言語活動を行う。	**思考力・批判的思考力** 高次思考力：条件が異なっていても現象が同じになることを説明する。要因（電離度）を探究する。	**協同学習・国際意識** 強さの違う酸性水溶液や緩衝液がどのように社会に役立てられているか知る。

1 単元について

この授業では，弱酸，強酸，緩衝液の中和滴定による pH 変化測定実験後，水溶液の性質に関する英語表現を学びます。その後，ワークシートの水溶液をペアで分類。最後に，緩衝液を利用して，社会に役立てられている製品やアイデアを調べて発表します。

2 授業の概要

・水溶液について実験などを通して体験的に緩衝能の概念を学びます。（内容）
・陰イオンの種類によって同じ pH でも水溶液濃度が異なる要因を探究します。（内容・言語）
・水溶液の酸性・塩基性の学習で使う教科特有の英語の語彙や表現を学びます。（言語）

3 言語と思考

【語彙やフレーズの４群】この授業で出会う単語と表現

solution / acid / base / pH / equivalence / ionize / buffer / resist / hydrogen / hydrochloric acid / sodium hydroxide / acetic acid / sodium acetate / ionization degree / citric acid	belong to (solution group / week acid, strong acid, buffer)	The equivalence point of strong acids is closer to pH 7 compared to weak acid.	中和滴定の実験結果と関連させる表現 Weak acids have a lower extent of ionization, so the change in pH appears less than when compared to strong acids.
１群：教科特有の言語	２群：他の場面でも使える表現	３群：授業で発話する時の表現 (speaking frame)	４群：特別な概念を共有する目標表現

4 単元計画

時数	内容
1	・同じ濃度の強酸（塩酸）と弱酸（酢酸）を用いて，強塩基（水酸化ナトリウム水溶液）による中和実験を行い，pH の変化をそれぞれグラフにまとめる ・緩衝液の pH は，強塩基（水酸化ナトリウム水溶液）によって，どのように変化するのか実験し（ワークシート①），得られた結果についてペアで話し合う ・水溶液，緩衝液，pH，化学実験に関する英語表現を知る（ワークシート②）
2	・色々な水溶液のカードを分類する（ワークシート③） ・それぞれの水溶液にはどのような性質や特徴があるかを考え，整理する ・さまざまな水溶液の緩衝液を取り上げ，緩衝液が含まれることで生物にとって好適な安定した環境につながる自然現象や物質を調べて発表する

5 評価

この授業における２元配置アセスメントの観点（Dual Focus Assessment）（巻末資料参照）

目標表現を理解し活用する

言語
・ワークシートや実験で実際のやり取りをしているか。
・比較表現や化学に関する表現を意識して使っているか。
・具体的な現象から一般化するための思考を行い表現しているか。

緩衝液の性質の特徴をつかむ

内容
・実験に取り組み，背景知識を活用し物質や環境の性質に気づいているか。
・中和の現象を条件検討することで，一般的な要因を探究しているか。
・実社会にどのように役立てられているかを友達と協力して調べているか。

6 Teacher Talk 例

学習活動	主な発問と生徒の思考の流れ	指導上の留意点
弱酸と強酸の pH 変化の相違をペアで話し合う。	What is the difference between the titration curves of strong and weak acids on the graph? What is the difference between the titration curves of weak acid and buffer solutions on the graph? Which equivalence point is closer to pH 7?	グラフの注目すべきポイントをアドバイスする。

弱酸と緩衝液の pH 変化を比較しペアで話し合う。	Let's compare the curves of weak acid and buffer solutions at the equivalence point. Yes, both titration curves are similar to the equivalence point. This buffer contains weak acid, so it resists neutralization by bases.（ワークシート①）	弱酸と強酸の滴定曲線の比較，緩衝溶液との比較をさせて，相違点に気づかせる。
酸塩基の中和実験の英語表現を知る。	What is this called? You may be familiar with many of these. Read out loud and connect the correct pairs with a line.（ワークシート②）	背景知識を利用して選択。
色々な物質の絵カードを使って使われている材料ごとに分類する。	What is this? Yes, it is a Sports drink. Now, let's think. What does it contain? Oh, yes, citric acid. How about this? Yes, it is an acidic detergent. What does it contain? Divide them into groups.（ワークシート③）	事前情報は最小限にして活発に意見交換する。

7 授業のアイデアとワークシートの使い方

ワークシート①「中和滴定曲線比較実験」

Comparison of the titration curves for weak and strong acids.（弱酸（酢酸）と強酸（塩酸）の中和滴定のときの pH 変化）強塩基水溶液（水酸化ナトリウム水溶液）による弱酸（酢酸）と強酸（塩酸）の中和の過程を，pH メーターを使って計測します。緩衝液（酢酸ナトリウム - 酢酸緩衝液）の滴定実験を行います。その後，それぞれのグラフの変化の違いに気づかせ，電離度（degree of ionization）の違いを考えさせます。

ワークシート②「化学実験の英語表現を知る」 What is this reagent called?

自由に線で結ぶよう指示し，生徒の背景知識を活性化して「気づき」を促します。

ワークシート③「色々な水溶液の絵カードを使って分類する」

ペアになってカードを自由に分け，なぜそのグループに分けたのか話し合わせます。

What does this solution contain? Which group does this belong to?（この水溶液は何を含んでいるかな？どんな水溶液のグループに属しているのかな。）

I think that it is a buffer. This is Sports drink and that contains citric acid.（緩衝液に属しているよ。スポーツドリンクだから，クエン酸を含んでいるよ。）

チャレンジ活動（Further study）

緩衝液の性質を取り上げ，緩衝液を利用して作られている物を探して発表します（例：海水や血液が重炭酸イオンを含むことで，急激な pH 変化から生物が守られていること等）。

（仲矢 史雄）

ワークシート① **強酸，弱酸，緩衝液の滴定曲線の比較**

Comparison of the titration curves for weak acids, strong acids and buffers.

強酸滴定実験１：塩酸と水酸化ナトリウム水溶液の滴定曲線

①フェノールフタレイン溶液が入った0.1mol/L 塩酸10mL に0.1mol/L 水酸化ナトリウム水溶液を加えて滴定を行う。pH は pH メーターで測定する。

②塩酸だけの pH を記録する。水酸化ナトリウム水溶液は，pH2を越えるまで1mL ずつ加え，pH2からフェノールフタレインが赤変するまで0.5mL ずつ加え，赤変以降は1mL ずつ加える。全部で20mL になるまで水酸化ナトリウム水溶液を加える。滴定量を記録しながら，pH の変化を記録する。

③グラフに，「×」でプロットし，曲線を描く。

弱酸滴定実験２：酢酸と水酸化ナトリウム水溶液の滴定曲線

①フェノールフタレイン溶液が入った0.1mol/L 酢酸10mL に0.1mol/L 水酸化ナトリウム水溶液を加えて滴定を行う。pH は pH メーターで測定する。

②酢酸だけの pH を記録する。水酸化ナトリウム水溶液は，pH5を越えるまで1mL ずつ加え，pH5からフェノールフタレインが赤変するまで0.5mL ずつ加え，赤変以降は1mL ずつ加える。全部で20mL になるまで水酸化ナトリウム水溶液を加える。滴定量を記録しながら，pH の変化を記録する。

③グラフに，「○」でプロットし，曲線を描く。

緩衝液滴定実験２：酢酸ナトリウム - 酢酸緩衝液と水酸化ナトリウム水溶液の滴定曲線

①フェノールフタレイン溶液が入った0.1mol/L 酢酸ナトリウム - 酢酸緩衝液10mL に0.1mol/L 水酸化ナトリウム水溶液を加えて滴定を行う。pH は pH メーターで測定する。

②酢酸ナトリウム - 酢酸緩衝液だけの pH を記録する。水酸化ナトリウム水溶液は，pH5を越えるまで1mL ずつ加え，pH5からフェノールフタレインが赤変するまで0.5mL ずつ加え，赤変以降は1mL ずつ加える。全部で20mL になるまで水酸化ナトリウム水溶液を加える。滴定量を記録しながら，pH の変化を記録する。

③グラフに，「◎」でプロットし，曲線を描く。

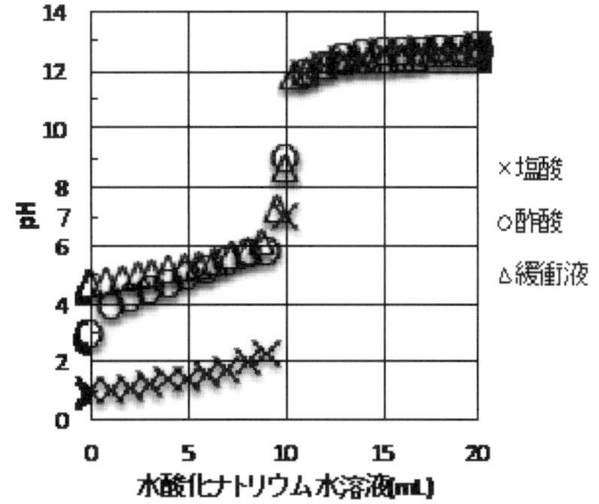

実験結果：塩酸，酢酸，緩衝液では，水酸化ナトリウム水溶液による pH の変化はどのように違っていただろうか。話し合ってみよう。

ワークシート② Vocabulary：用語（term）を知ろう

Let's read the words and connect the correct pairs with a line. What is this term called?

英語を読んでから線で結んでみよう。この用語は何かな。

1	solution	・	・	酸
2	acid	・	・	ピーエイチ
3	base	・	・	塩酸
4	pH	・	・	水溶液
5	neutrality	・	・	緩衝液
6	ionize	・	・	実験
7	buffer	・	・	酢酸ナトリウム
8	reagent	・	・	陰イオン
9	experiment	・	・	水素イオン
10	resist	・	・	水酸化ナトリウム
11	hydrogen ion	・	・	塩基
12	anion	・	・	酢酸
13	hydrochloric acid	・	・	電離
14	sodium hydroxide	・	・	抵抗（する）
15	acetic acid	・	・	試薬
16	sodium acetate	・	・	中和

ワークシート③ 展開：分類してみよう

Which group do these belong to? Divide them into groups. Discuss with your partner.
次の水溶液（液体）の写真を Acid（weak acid / strong acid），base（weak base / strong base），buffer，other に分類し，ペアで話し合おう。他の水溶液（液体）についても考えよう。

硫酸	塩酸	硝酸	酢酸	炭酸
H_2SO_4		HNO_3		H_2CO_3
クエン酸	亜硫酸	水酸化ナトリウム水溶液	水酸化カリウム水溶液	アンモニア水
	H_2SO_3		KOH	NH_3 (aq)
スポーツドリンク	酸性洗剤	砂糖水	ヒトの血液	だし汁

Strong acid	Weak Acid	Strong base	Weak base	Buffer	Other

Further study:

グループで，前時の話し合いや実験で得られたデータから，緩衝液の性質を取り上げ，これに関係する自然現象や，緩衝液を利用している物を探し発表します。

(Example) Seawater and blood contain bicarbonate ions, so living organisms are protected from severe pH changes.

(海水や血液が重炭酸イオンを含むことで，急激な pH 変化から生物が守られていること等)。

情報リテラシー×経済×英語

グローバル視点でみるフードロス

ターゲット表現	因果関係　データの読み取り　説明 Xs lead Ys.　Ys result from Xs.　account for, according to ～
単元の目的	消費者の視点と事業者の視点から，フードロスを考察する。複数の情報を統合しながら，自身のこれからのフードロスに対する行動を創造する。

Content	Communication	Cognition	Culture & Community
教科・活用知識 国内外のフードロス事情を学ぶ。 グローバルな複数の視点からフードロス問題の解決法を提示することを学ぶ。	**言語知識・技能** フードロスクイズを楽しむ。 クイズの出題や自身の考えを発表することによって，聞き手を意識して伝える。	**思考力・批判的思考力** 高次思考力：フードロスについてのグラフから情報を読み取る。 集めた情報を分析し，自身の考えをまとめる。	**協同学習・国際意識** 世界の他国との情報を比較し，世界規模の取り組みとしてフードロス削減活動に励む重要性に気づく。 日本の取り組みや，自身のアイデアを英語で発信する。

1 単元について

1時間目は，日本のフードロスに焦点を置きます。まず，フードロスについてのブレインストーミングを行います。そして，辞書などを用いて付箋の語彙を英語にし，誰が問題解決に取り組めるかを確認します。次にフードロスクイズに取り組みます。クイズの答えの確認後に，ブレインストーミングの結果を見直し，次回までの課題として，グループで関心のある１つの企業や業種のフードロスへの取り組みを調べます。

2時間目は，1時間目のクイズの復習後に，日本と世界のフードロスを対比し考察します。資料を用いての Teacher Talk から，グループワークでデータを読み解き，どのようなことが考えられるかを話し合います。そして，自身の意見や考えをまとめて，グループ内で発表します。最後に前回の課題について話し合い，グループごとにまとめた意見を発表します。

2 授業の概要

・消費者の視点からだけではなく，事業者の視点からフードロスの問題を捉え，複数の側面から改善策に取り組む必要性に気づきます。（内容）
・日本を含めた先進国が，そして個人がフードロスに対してどのような行動をとっていく必要があるかを考えます。（内容）
・因果関係や英語のグラフ等のデータの説明に使う特有の英語の語彙や表現を学びます。（言語）

・複数のデータを統合し，データからいえることを考えます。（認知）
・フードロス問題（社会問題）に対して問題解決のフレームワークを実践し，英語で考えをシェアします。（21世紀型スキル）

3 言語と思考

【語彙やフレーズの４群】この授業で出会う単語と表現

decrease / reduce / waste / loss（es）/ leftover（s）/ expiration date / best-before date / doggy bags / limited time discount / amount / account / per / household（s）	There is a similarity between A and B. A and B are similar in C. Household food waste accounts for 45 percent.	We researched how Company A has been trying to reduce food waste. According to A's website, A has introduced doggy bags for leftovers. （調べた内容の説明）	Doggy bags leads to a decrease in food waste. Household food waste results from cooking too much food. 因果関係を表す文構造考えを述べる論理の構造（p.107, ④⑤参照）
１群：教科特有の言語	２群：他の場面でも使える表現	３群：授業で発話する時の表現 (speaking frame)	４群：特別な概念を共有する目標表現

4 単元計画

時数	内容
1	・カラー付箋を数種類用意し，色で誰の意見かわかるように配布して，フードロスについてのブレインストーミング後に類似点を見つけてグループ分けを行う ・フードロスの問題は「店（事業者）」と「家庭（消費者）」の取り組みが問題解決のために必要であることに気づかせる ・辞書などを用いて，付箋の語彙の英語化に取り組む（付箋下に英語） ・日本のフードロスの現状に関するクイズをグループ内で出題者をローテーションで回しながら出題し，グループ内で各問題に何人が正解したかメモをとり，グループごとの正解数を発表する。（問題のカードをグループ内で分け，Q１から順番に出題者が問題を読み上げ，解答者は問題を聞いて解答する。出題者が正解を発表し，正解者数をメモする。） ・Q０の２問を教師が読み手として学生に答えてもらい，グループ内の読み手の役割を説明する　Q０では日本語のフードロスと英語の food losses と food waste の意味の差を学生に知ってもらう （宿題として，インターネットや本で，グループ内で選んだ企業や業種の「フードロス」への取り組みを調べ，シートにまとめることを伝える）

2	・前回のクイズを確認して，日本のフードロスの現状を理解し，Teacher Talk を聞き，示されたデータから何が言えるか，またどのような解決方法があるかを考える ・世界のフードロスのグラフを見ながら，p.106の Q6とQ8の答えを用いて，日本の棒グラフを書き足す（日本のグラフを修正液等で消してから印刷） ・完成したグラフと共に Teacher Talk を聞き，グループ内で特徴を見つける ・先進国は消費段階でのロス（household food waste）が多いのに対して，途上国が生産から小売りの段階でのロス（business food waste）が多いという特徴に気づかせる ・クイズとグラフから学んだことをふまえて，自身のフードロスに対する意見や考えを英語の論理（OREO）に従いまとめて，グループ内で発表する ・最後にグループ内で企業の取り組みについて調べてきたシートに基づき，話し合い，グループごとにまとめた意見を発表する

5 評価

この授業における2元配置アセスメントの観点（Dual Focus Assessment）（巻末資料参照）

目標表現を理解し活用する	フードロスに対する取り組みを複数の視点で考える
言語 ・ブレインストーミングやクイズ後にグループ内で，新しい語彙や表現を使ってやり取りをしているか。 ・因果関係を表す目標表現（lead to / result from）や英語の論理（OREO）を意識して，フードロスへのアクションについて自分の考えを英語で表現しているか。	**内容** ・フードロスがなぜ発生するかを理解しているか。 ・フードロスについてのグラフを読み取れているか。 ・得られた情報に基づいて，グループ内で意見交換できているか。 ・問題解決フレームワークを意識し自らのアクションを創造できているか。

6 Teacher Talk 例

学習活動	主な発問と生徒の思考の流れ	指導上の留意点
2時間目　クイズの復習。	T：What do you think about the answer to Q2? S：The amount is small. T：That's right. The amount is lower than we expected. But, based on Q2 and Q3, we learn that the amount is huge.	複数のデータを用いて問題の本質の理解を促し，解決策の考案へとつなげる。

	Putting some information together and looking at problems from various viewpoints is important when we look at data. How about Q6? S：I was surprised at the figures. T：Food waste comes from businesses and households. Thinking about what leads to food waste in businesses and households is necessary to solve the problem. What does household food waste result from? Think of some examples. Have a look at your group's brainstorming paper. S：Cooking too much food. T：Exactly. In households, food waste results from cooking more than we need. In other words, cooking too much food leads to food waste.	
日本のフードロス情報をグラフに記入したあと，グラフから情報を読み取る。	T：From the graph, what can we find? S：Some regions have larger amounts of household food waste than others have. T：That's a good point. Anything else? S：These regions include mainly developed countries. T：Exactly. In Japan's case, the ratio of food waste was 45%. It means we can reduce excessive household food waste. At the same time, as the figure (51kg) is much smaller than other countries, Japan's action against food waste is working. What can you tell people outside of Japan about these actions?	日本と世界を比較し，日本のフードロスへの取り組みが大きな意味があることに気づき，自分たちの発表が世界への日本の取り組みの発信になるというモチベーションにつなげる。

7 授業のアイデアとワークシートの使い方

①日本語のフードロスと英語の food losses と food waste の意味の差

• Food Losses Quiz

- (Q0) Before starting quiz, we should check the difference between “food waste” and “food losses” ? Ture or False?
- Food losses とは 食用食物の量の減少を指し、「まだ食べられるのに捨てられているもの」ではない。
- A. True

• Food losses and waste

•用語の整理

- 英語ではfood lossesは生産や加工の段階での食用食物の量の減少を意味し、
- 小売および最終消費の段階での「まだ食べられるのに捨てられているもの」をfood waste

（まとめ）食品ロス≠ food losses
食品ロス＝フードロス（カタカナ英語）

英語では“Food losses and waste ＝ 広い意味での食品ロス”, 日本語の「食品ロス」= food wasteと考えよう。

②フードロスのクエスチョンカード

• Food losses Quiz

•(Q1) According to two Japanese ministries (農林水産省 and 環境省), in 2016, out of all the food in the market, what percentage of the food was food losses and waste?

•(A) About 50 percent
•(B) About 35 percent
•(C) About 20 percent

A. (B)

•Food losses Quiz

•(Q2) Out of the food losses and waste (2759万トン "27 million and 590 thousand tons"),
what percentage of the food losses and waste does the food waste (in other words, "食品ロス"in Japanese) account for?

•(A) About 53 percent
•(B) About 43 percent
•(C) About 23 percent

A. (C)

• Food Losses Quiz

•(Q3) Compared with the amount of food provided annually by WFP (国連世界食糧計画),
the amount of food waste in Japan is..

•(A) about twice as large as that of food by WFP
•(B) almost the same as that of food by WFP
•(C) smaller than that of food by WFP

• A. (A) WFP 毎年380万トン（ Food waste in Japan is 6 million and 430 thousand tons.）

• Food Losses Quiz

•(Q4) Which of the following is food waste?

•(A) Unsold stock in supermarkets
•(B) Leftover from customers in restaurants
•(C) Food past expiration date
•(D) All of the above

A. (D)

• Food Losses Quiz

•(Q5) Fill in the blanks. Answer with words.

•Food waste (食品ロス) is mainly from two groups. One is ( ). The other is ( ).

• A. business / households

• Food Losses Quiz

• (Q6) Fill in the blanks. Answer with figures. You may guess.

• In 2016, food waste (食品ロス） in Japan is 643万トン (6 million and 430 thousand tons) . The breakdown of the food waste is ( )tons from business and ( )tons from households.

• A. 352万トン (3 million and 520 thousand tons) from business and 291万トン (2 million and 910 thousand tons) from households
• Around 55 % from business and 45 % from households
• *You could say 6.43 million tons (6 million and 430 thousand tons).

• Food Losses Quiz

• (Q7) In household food waste, which of the following is the most?

• (A) Meats
• (B) Fruits
• (C) Vegetables
• (D) Fish

• A. C. Around 50 % Fruits rank second(18%).

• Food Losses Quiz

• (Q8) Food waste in Japan was 643万トン (6 million and 430 thousand tons) in 2016. Food waste per person is ..

• (A) Around 31 kg
• (B) Around 51 kg
• (C) Around 100 kg
• (D) None of the above

• A. (B)Around 51 kg (643 万トン =6430000000 kg, population =1億2693万3千人 =126 million 933 thousand people formula /equation = Weight divided by population.
• 6 billion 430million kg divided by 126 million 933 thousand people is around 51 kg.

③世界の一人当たりの食品ロス　グラフ

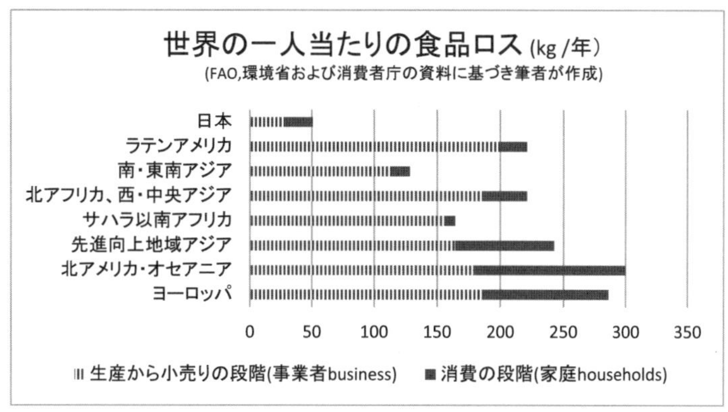

④英語で意見を述べるための OREO とは

Opinion　意見

（例）I think, I believe, I agree with, In my opinion,

Reason　理由

（例）First, Second, Finally, One of my reasons is,

Explanation or example　説明・具体例（根拠を示す）

（例）For example, For instance, According to, In fact,

Opinion　意見（最初の意見を言い換えたり繰り返すので結論）

（例）In conclusion, To conclude, To sum up,

⑤フードロス削減への企業の取り組みワークシート

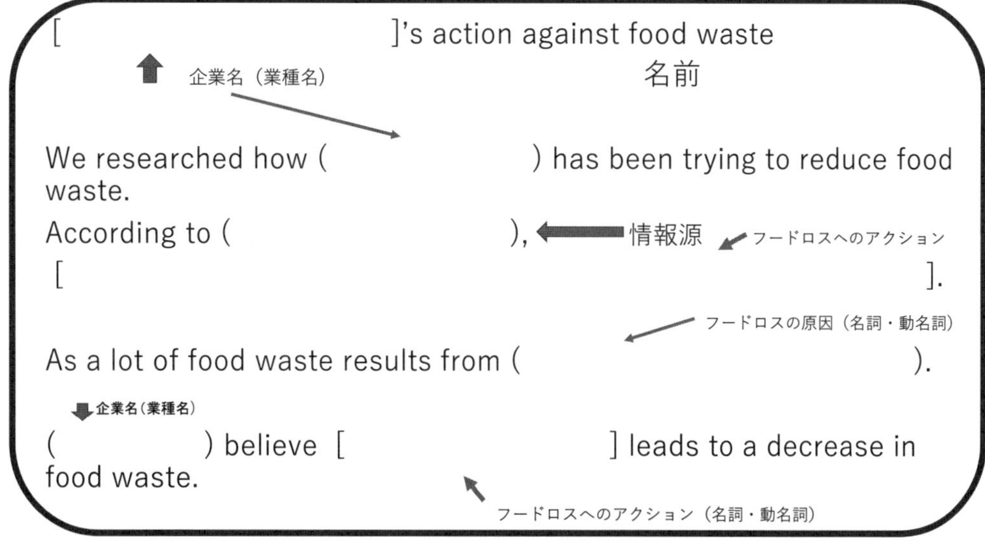

[　　　　　　　　　　]'s action against food waste
企業名（業種名）　　名前

We researched how (　　　　　　) has been trying to reduce food waste.

According to (　　　　　　), ← 情報源　フードロスへのアクション

[　　　　　　　　　　].

フードロスの原因（名詞・動名詞）

As a lot of food waste results from (　　　　　　).

企業名（業種名）

(　　　　) believe [　　　　　　] leads to a decrease in food waste.

フードロスへのアクション（名詞・動名詞）

（久井田　直之）

コラム

アメリカ　カンザスの中学校との英文手紙交換を通して

生きた英語のやり取りをする機会はとても大切ですが，日本にいながらそのような機会を得るのはなかなか難しいかもしれません。１つの例を紹介します。

カンザス州のアイオラ中学校，イェーツセンター中学校は，大阪の公立中学校と10年もの間「ペンパルプロジェクト」として，英文手紙の交換を続けました。この日本の中学校では入学してしばらくしてからペンパルの住むアメリカ・カンザス州について学びます。コーン畑が広がるカンザスは，大阪とは全く違った環境で，生徒は目を丸くしながらスライドを見ています。ペンパルプロジェクトでは，英語で自己紹介ができるようになると，カンザスの生徒一人一人とペアを組みます。相手はずっと同じです。はじめは，教科書に載っている自己紹介を真似して書いていますが，返ってくる返事は自分宛てですから返事を書くのも楽しくなってきます（図１，２）。“What music do you like?”“Do you know POKEMON?”と話題はつきません。

最近はインターネットで様々な情報を得ることができますので，生徒たちは，知らない名前の歌手・グループやゲームソフトを聞くと，一生懸命調べています。そして互いに自国の文房具やキャラクターのカードなどをプレゼントし合います。季節の行事を伝えようと節分や七夕の贈り物をし，カンザスからはハロウィンにはコウモリの指輪，イースターには卵のカラーリングキットなど，日本では珍しいものを送ってもらいます。

Dear　　　2015年 1月19日
こんにちは！
Thank you for your letter and presents. I'm a girl and I'm in 9 grade. I was born in September 12.
In Japan we had a winter vacation. Then I was studying because we must pass the test soon.
You like the percussion don't you? I'm happy to hear that.
There are 5 kinds of coins in Japan.
I like 5 yen coin.
My letters are the last. Thank you, good luck (^-^)/
your penpal,

図１　日本からの手紙

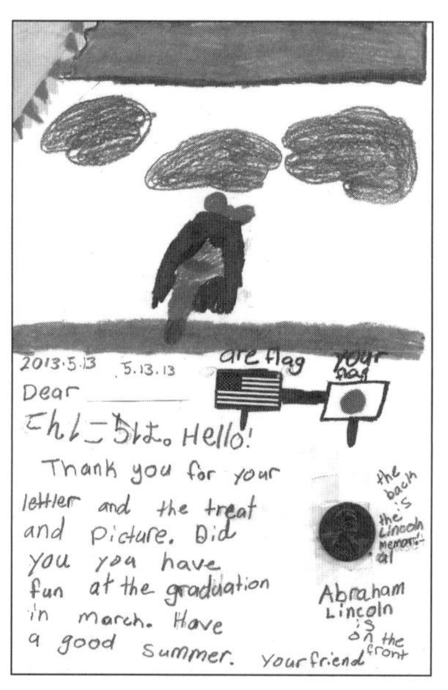

2013.5.13　5.13.13
Dear
こんにちは。Hello!
Thank you for your letter and the treat and picture. Did you you have fun at the graduation in march. Have a good summer. Your friend

図２　カンザスからの手紙

Japanese Words
hello- kon.nichi wa
good-bye- sayōnara
yes- hai
no- ie
thank you- doh moh arigatō
please- doh-zoh
youre welcome- ee-EH, doh-ee-TAH-shee-mahsh-teh
story- hanashi
corner- kado
table- tēburu
boy- otoko no ko
girl- on.na no ko
go to- tsuzuku
check out- shirabemas soto ni
books- hon
line up- sen asoko ni
library- toshokan
school- gak-kō

図３　日本語ポスター

英文手紙交換なのですが，カンザスの生徒たちは日本語を勉強しており，簡単な挨拶はひらがなで書いてあります。自分の名前は日本語でどう書くのか教えてほしいといった内容の手紙もあります。図３はカンザスの学校図書館に掲示されている日本語ポスターです。「hello- こんにちは」「thank you- どうもありがとう」などはよくありますが，「story- はなし」「books- 本」など図書館に関係のあることばも見られます。よく見ると「You' re welcome. - いいえ，どういたしまして」と聞こえるように「ee-EH,doh-ee TAH-shee-mahsh teh」と書かれています。面白いですね。

また，アメリカからの手紙だからといって，全て完璧な英文ではありません。生徒達は手紙に書いてある綴りの間違いに気づくことがあります。「アメリカからの手紙なのに間違ってるんや。僕らが漢字を間違うのと同じかな。」と驚いています。それは素晴らしい気づきです。英語を母語とする人々も，やはり長い年月をかけて言葉を学んでいると知ることは，中学校で英語を勉強する上で，とても励みになるようです。

今までに文通を続けたペンパルに会うためカンザスを訪れた時には，中学校時代に手紙を交換していた子どもたちはもう高校生，大学生になっていました。中学校で柔道体験や日本を紹介した様子は地元の新聞で紹介されました（図４，５）。日本から直行便のない遠いカンザスですが，日本という国について興味をもってもらえたことを嬉しく思います。生徒たちは文通を通してお互いの「違い」を楽しんでいました。日本では英語でカンザスについて学び，カンザスでは日本語で日本について様々な学びを得ているのがオーセンティック（本物）であるといえるでしょう。

（伊藤 由紀子）

図4　カンザスにて柔道体験

図5　カンザスにて日本文化の紹介

資料

CLIL の語彙と文法

1 CLIL と語彙

CLIL では教科特有の表現に含まれる語彙に会うことが大切です。語彙はいつ教えるかというと，意味の中で新しい単語を聞かせて語彙に触れるようにします。取り出して語彙を教えるタイミングは，中盤以降がよいでしょう。Bentley（2010）は，語彙について４種類のグループを示しています。グループ１は，教科特有の語彙，グループ２は，他にも使える応用の高い語彙，グループ３は，その内容では何度も使いツールになる語彙，グループ４は，教科特有の概念についてコミュニケーションする際に大切な語彙や連語です。

グループ１	グループ２	グループ３	グループ４
circle rectangle diameter	center number size	about across many	sharp rise dramatic

本書では，Bentley のアイデアを日本の学校に合わせて，アウトプットをする際の中心となるスピーキングフレームを以下の３群に配置しています（下表　本著第２章「サーキュラー・エコノミー：21世紀の eco」例）。

【本書で提案する4種類の語彙グループ】「サーキュラー・エコノミー：21世紀の eco」の単語と表現

trade / make / remake / repair / refill / share / recycle / separate / chipping / nanosizing / cellulose / nanofiber	It comes from X. We have blueberries in the forest. We have deer in the forest.	We can make a lunch box made from cellulose nanofiber. （後置修飾） Eco action	The sauna cabin is made of wood. （受け身形使い分け）
１群：教科特有の言語	２群：他の場面でも使える表現	３群：授業で発話する時の表現 （speaking frame）	４群：特別な概念を共有する目標表現

2 CLILにおける「内容×文構造」

CLILにおける「内容×文構造」については,「文字情報を見せる前に音声から内容に親しませるように教師が英語を用いて学習者に語りかける場面」(Focus on Meaning) があり,「深い内容を学ぶ際の英語のインプットに含まれる言語形式に注意を向け,友だちと英語を使いながら文のパターンや仕組みに気づく場面」(Focus on Form : FonF) があることが大切です。CLILにおいて重要な場面は,内容のフォーカスと言語のフォーカスを,生徒の高次の思考が最も高まる場面に絡めていくことでです。

方法1：ひとまとまりの表現（チャンク）とフォーカス・オン・フォーム

特に中学校の中期まででのCLIL授業では,ひとまとまりの表現（チャンク）に慣れることが大切です。音声から意味が分かることが先で,聞いてわかるチャンクがある程度溜まってくると,後で文法ルールを見つけやすくなります。チャンクの蓄積があれば,文法ルールの明示的な説明にも興味を持ちやすくなります。例えば,イタリアでは,8年生（14歳）で英語の文法を習いますが,7年生（13歳）では,文法を見つけることを大切にしています。イギリスでは,11歳～13歳が外国語（フランス語等）を学ぶ際に,文法を教え込んでも難しい時期であり。また習った文法のルールがコミュニケーションの中で使えるようになるまでには,かなりの時間がかかることが指摘されています。その2～3年のタイムラグに英語が嫌いになってしまう生徒は多く,この傾向は日本だけの問題ではないのです。チャンクから文法を見つける（Discover the Rules）の認知プロセスは,そのタイムラグを上手く埋め,なおかつ,かけがえのない外国語学習となるでしょう（Kashiwagi, 2019)。

方法2：透明な言語（transparent language）で学び始める

文構造には,チャンクから見つけやすいものと見つけにくいものがあります。例えば,現在形,現在進行形,動詞と目的語のつながり（VO),動詞と副詞のつながり（VC）は,transparent languageだといえるでしょう。また,二重目的語構文（give OO）や,後置修飾の現在分詞（Can you find a bird eating some fruit?）条件節（If I put the picture into the water, it will disappear.）なども,ある程度文構造が見つけやすいものです。一方,母語（日本語）からは類推しにくいものもあります。自動詞と他動詞の使い分け,受動態,関係代名詞などは,チャンクからでは見つけにくい文構造です。前者の場合は,CLILの帰納的な学びを通して,Discover the Ruleに向いています。一方,後者の場合は,文法を学んでから,4技能を統合して使う際にCLILを活用する方がよいでしょう。

日本の英語環境では,自然な文構造への気づきだけでは難しい面もあり,意図的な繰り返し,強調，リテリング，ディクトグロスなど，フォーカス・オン・フォームで生徒の気づきを引き出したいものです。その後に，生徒が持つであろう構文スキーマを図式化して文法のルールを教えるとよいでしょう。文法の説明は長々とせず，パワーポイントスライドで図式的に見せると，生徒は自分が描いていた気づきに近いと感じ，文法がすとんと分かります（本著 p.52図⑤）。

方法3：Translanguaging（トランス・ランゲージング）と母語使用

CLIL では思考を深める生徒どうしのやりとりでは，母語使用を禁じることはなく，複雑な問題を母語の思考回路で考え，再び，やりとりや発信に向けて英語に戻る場面が見られます。教師は目標言語で授業を行いますが，生徒の理解度を見てパラフレージングをしたり，タスクや活動に入る指示では，すかさず母語で補ったりします。CLIL でのトランス・ランゲージングは，即興的なコードスイッチングではなく，内容理解，思考の深化，目標言語の習得面から意図的に学習者の母語を活用する方法なのです（Coyle et al. 2010）。

方法4：Scaffolding（足場かけ）の活動

ヴィゴツキーは，最近接発達領域において，「生徒は，今日サポートを得て出来たことは，明日は一人で出来る。」と述べています。生徒が，自らあともう一段階深い学びをするように，教師は様々なサポートをするためにScaffolding（足場かけ）を用意します。

・長すぎるタスクやリーディングは，スモールステップにする
・目に見える教材や，チャート，本物を使う
・タスクのデモンストレーションを見せる
・系統的ワード・バンク，スピーキング・フレーム，ライティング・フレームを使う
・原因と結果を結び，論理的表現をするための，ビジュアル・オーガナイザーを使う
・アウトプットに向けたモデル・テキストを使う（表現をそこから借りる）
・学級では，インタラクティブで協働的な雰囲気を創る
・答えを与えるのではなく，生徒の思考や議論が進むように，相槌や仕掛けをする

文法項目を最初に全部教え込んで練習問題を繰り返し，複雑な文法をもちいて語数の多い英文を使わせるのではなく，Transparent language を使い，構造（文のパータン）が分かりやすいものをつないで，教科の内容，実験の仕方，原因と結果，比較などについて，生徒どうしが協働するタスクで教科特有の言語表現のバリエーションに触れさせ（Dalton-puffer, Nikula, &Smit, 2010），認知的ディスコース機能（Cognitive Discourse Functions：CDFs）を引き出すような教師と生徒のやり取りの時間が必要です。CDFs については，Dalton-puffer（2016）に基づき，柏木・伊藤（2020）で詳しく解説しています。

（柏木 賀津子）

CLIL の評価のありかた－２元配置評価－

CLIL で何をアセスメントするかは，単元の目的や，指導者の意図によりますが，結果というよりはプロセスやパフォーマンスを評価します。CLIL で育てるスキルにおいては大きく，５つの観点が挙げられます。新学習指導要領（2017告示）との対応は表中の右側に記しています。教科面・言語面の両方から見ること（Dual Focus on Both Content and Language）が大切です。下の表にアセスメントの様々な方法を示します（柏木・伊藤，2020）。

評価の観点	方法	学習指導要領（2017年　告示）
Attitude to Learning（学びの態度）	自己評価　他者評価　Can-Do 評価　ワークシートのコメント内容　個々への見取り　ポートフォリオ　ビデオ録画見取り等	主体的に学習に取り組む態度
Content（内容）	（学習のために必要な言語や内容の理解）リスニングクイズ　空所補充　多肢選択クイズ	知識および技能
Communication Skill（コミュニケーションスキル）	ペア・グループ活動のワークシート　やりとりロールプレイ　プレゼンテーション（見取り・自己評価・他者評価）対面インタービューテスト（ルーブリック評価）True of False クイズ　ジグソーリーディング　ディクトグロスへの貢献等	知識および技能　理解力・表現力
Cognitive Skill（思考スキル）	ポートフォリオの進歩　リフレクションカード記録　生徒の記述（日本語も可）のラベリング（思考カテゴリー）内容と言語からのライティングとルーブリック評価　作問・発問作り　要約　グラフィックオーガナイザーによる情報整理　ライテイングテスト等	思考力・判断力
Community & Culture（協学・異文化・地球市民意識）	授業・グループプロジェクトへの貢献の見取り　21世紀型スキル　国際理解尺度　グローバルコンピテンシーに関する自己変容　プレゼンテーション・ポスターとルーブリック評価等	21世紀型スキル　グローバルコンピテンシー

次に CLIL での評価を具体的に説明します。CLIL でもちいるのは主に形成的評価です。

・形成的評価（Formative Assessment）

この方法は，学んだというエビデンスを教師が発見するもので，何が進捗したかを見るものです。ルーブリックを作成して記録する方法です。

日記（ジャーナル） メモ 効果的な質問やクイズ グループプレゼン 自己評価 他者評価 ニーズ分析 ワークシート ポートフォリオ 等

・総括的評価（Summative Assessment）

学力テストや期末テストのような Achievement Test（達成度テスト）などを総括的評価（Summative Assessment）と呼びます。これを形成的評価と組み合わせることも考えられますが，Summative Assessment は，生徒がその単元で学んだ内容や方法とよく合致していないテストも見られ，CLIL の評価にはあまり向いていないといえます。

本書のレッスンで紹介したアセスメント・ツールは次のようになります。

・Can-do 評価

Can-do 評価は，言葉を使って「何ができるか（can-do）」を到達目標として定めることで一貫した授業の目当てが生まれ，自立学習を促進する方法です。Can-do 評価には，主に受容型（理解できる）と発信型（話すことができる）があります。例えば，CEFR（言語共通参照枠）におけるＢ１レベルの英語（中級）で，「自分の考えを事前に準備して，**メモの助けがあれば**，馴染みのあるトピックや自分の関心のある事柄について語ることができる」という目標があります。Ｂ２レベルの英語では，「社会の課題や状況について意見を加え質問があれば答えることが出来る」と進んでいきます。難しい目標に見えますが，CLIL では目標に生徒が自然に到達するための「言語面＋内容面」両方の足場がけを用意します（ここでは，「**メモの手助けがあれば**」が重要）。以下の本著例のワークシートは思考と言葉の両方のメモとしての役割を持ち，生徒が「できる」と答えられるように導くことができるでしょう。もし「できない」という生徒が多ければ，自分自身の授業に足場がけが足りなかったことが考えられます。CLIL での Can-do 評価はこのように教師のリフレクションや，授業改善にも役立てることができます。

本書 p.29 「物質とその性質」ーワークシート：Metal と Non-metal の分類思考
本書 p.41 「栄養素とおすすめメニュー」：メニューを紹介するスピーキング・フレーム
本書 p.101「pH 変化のクッション：緩衝液」：水溶液のグループに分類するマトリックス

・CLIL の２元配置評価：Dual Focus Assessment

本著では，CLIL の２元配置評価の観点を，全ての章で紹介しています。左側に言語面，右側に内容面を配置し，双方には重なりがありますが左と右は同時進行とは限らず，単元の中で実現していきます。その中で「言語×内容」が同時に重なる場面は CLIL の心臓部と言えるでしょう。本著「サーキュラー・エコノミー：21世紀の eco」p.50では，言語面では，森の木から作られるものを関連させる “X is made of Y.”，環境のために出来ることで，“We can produce a X with Y.” といった表現を使おうとしているか，内容面では，「テクノロジーに興味を持ち，身近な環境へのアクションを考える」ことが出来ているかについて言語と内容の2元配置評価を作成することができます。本著では以下のように，教師が観察し生徒自身が学びを可視化する方法として，生徒が思考を絵に描いたり，デザインしたりできる「ポートフォリオ」（ここではLapbook）を紹介しています。

本書 p.51，p.52「サーキュラー・エコノミー：21世紀のeco」：ポートフォリオとしてのLapbook
本書 p.64, p.65「地震にそなえるためには」：学びを転移し意見を発信するワークシート

・思考ツール：生徒の思考を助ける「型」

思考面についても，CLILではLOTSからHOTSへの授業展開をしていくために，手掛かりをあたえる足場かけ（Scaffolding）をして，生徒に考えさせます。以下の本著例のワークシートでは，原因と結果を思考する「グラフィックオーガナイザー」や「考える順の手助け」が紹介されています。また，発表するときの他者評価も紹介されています。

本書 p.77　「パーム油を通して日本と世界を繋ぐ」：原因と結果を考えるグラフィックオーガナイザー
本書 p.77　「パーム油を通して日本と世界を繋ぐ」：内容や意見＋言語面の評価シート
本著 p.107「グローバル視点で見るフードロス」：食品ロスの解決・行動を導くチャート

・ルーブリック評価

アセスメントをしようとする内容と言語について，２～３の評価基準（Criteria）を作成します。指導内容と方法に合致したルーブリックを作成します。ルーブリックはCLILの指導目的と一貫したものがふさわしく，指導を進めながら学びを見取り調整します。生徒が学んだ内容や方法に大変近いものであることが重要です。

・そのほかの評価ツール：**Picture Matching**（学んだコンセプトを表した絵や図とをマッチングする），**Content Recall**（コンセプトの絵や文を想起し順番に並べる：ディクトグロス），**True or False**（学んだ内容が正しいか，正しくないか判断をする），**Gap fill**（理解した概念をあらわすセンテンスの空所を補充する）等があります。本著（p.47）でiPadをもちいて教師が生徒の体育パフォーマンスの進捗をつぶさに評価する方法は，授業の仮説とその効果を取組前と取組後で検証することもできます（Shishido&Kashiwagi,2020）。

本書 p.47「バレーボールの動き」：ゲームパフォーマンスの向上を観察する（GPAI）
本書 p.70「伝統的な技法を使って表現しよう」：藍染の工程を英語で聞き，メモをとりそのプロセスを順に並べる（ディクトグロス）
本著 p.93-p.95「世界の子どもたちと私たちの生活」：実際の話から子どもの権利を考えるワークシート（読んで理解（型）―リテリング（想起）―考えを発信（転移））

（柏木 賀津子）

参考・引用文献

◆第１章

Bentley, K. (2010). The TKT course CLIL module. Cambridge, UK: Cambridge University Press.

Coyle, D., Halback, A., Meyer, O., & Shuck,K. (2017). Knowledge ecology for conceptual growth : teachers as active agents in developing a pluriliteracies approach to teaching for learning (PTL), 349-365. download citation https://doi/org/10.1080/13470050.2017.1387516, retrieved from https://pluriliteracies.ecml.at/

Kashiwagi, K., &Kobayashi, Y. (2019). Science in CLIL in a Japanese upper secondary school: Focusing on increasing procedural knowledge with a usage-based model perspective.The Journal of the Japan CLIL Pedagogy Association (JJCLIL). 1, 19-41.

笹島茂（編）(2011).『CLIL 新しい発想の授業—理科や歴史を外国語で教える !?—』東京：三修社

Coyle, D., Hood,P., & Marsh, D. (2010). Content and Language Integrated Learning. Cambridge, Cambridge University Press.

Mehisto, P., Marsh, D. & frigols, J. (2008). Uncovering CLIL, Content and Language Integrated Learning in Bilingual and Multilingual Education, Oxford: Macmillan.

柏木賀津子・伊藤由紀子（2020）『小・中学校で取り組む　はじめての CLIL 授業づくり』東京：大修館書店

ファデル. C., ビアデリック, M., トリリング, B. (2016)『21世紀の学習者と教育の４つの次元：知識，スキル，人間性，そしてメタ学習』（岸学監訳）東京：北大路書房

文部科学省（2017年）平成29年度小・中学校新教育課程説明会における文科省説明資料 https://www.mext.go.jp/a_menu/shotou/new-cs/__icsFiles/afieldfile/2017/09/28/1396716_1.pdf より取得

Anderson, L.W., Bloom, B.S.,& D.R.Krathwohl. 編 (2001). A Taxonomy for Learning, Teaching, and Assessing: A Revision of Bloom's Taxonomy of Educational Objectives.

Garcia, O.& Wei, L. (2014). Translanguaging: Language, bilingualism and education. Basingstoke : Palgrave Macmillan.

中央教育審議会（2016）．幼稚園，小学校，中学校，高等学校及び特別支援学校の学習指導要領等の改善及び必要な方策等について（答申）https://www.mext.go.jp/b_menu/shingi/chukyo/chukyo０/toushin/__icsFiles/afieldfile/2017/01/10/1380902_0.pdf より取得

◆第２章

Griffin, L., Mitchell, S., & Oslin, J. L. (1997). Teaching sport concepts and skills: A tactical games approach. Champaign, IL: Human Kinetics.

文部科学省（2017）中学校学習指導要領（平成29年告示）解説 https://www.mext.go.jp/component/a_menu/education/micro_detail/__icsFiles/afieldfile/2019/03/18/1387018_010.pdf より取得

工藤泰三（2019）．限られた条件下でもバリエーションに富んだ授業を．『新英語教育』2019年４月号（第

596号). 東京：高文研.
McCullough (trans. 1988) *The Tale of the Heike,* Stanford University Press.
McKinney, M. (trans. 2007) *The Pillow Book,* Penguin Classics
Morris, I. (trans.1971) *The Pillow Book of Sei Shonagon* (*Classics*), Penguin Classics.
Woodward, B. (ed.) (2008)『英語で読む　平家物語（上)』The Japan Times.
FAO (2011) "Global Food Losses and Food Waste" (www.fao.org/3/mb060e/mb060e00.htm)

中学生・高校生・市民のための環境リサイクル学習ホームページ www.cjc.or.jp/school/d/d-2-4.html
環境省　https://www.env.go.jp/press/106665.html
消費者庁　https://www.caa.go.jp/policies/policy/consumer_policy/information/food_loss/education/

◆資料

Dalton-Puffer, C. (2016). Cognitive discourse function: Specifying an integrative interdisciplinary construct. In T. Nikula, E. Dafouz, P. Moore & U. Smit, (Eds.), Conceptualizing integration in CLIL and multilingual education 29–54. Bristol: Multilingual Matters. Conceptualizing
Dalton-Puffer, C., Nikula, T., & Smit, U. (2010). Language use and language learning in CLIL classrooms. Amsterdam, John Benjamins Publishing Company.
Ellis, N. C. & Larsen-Freeman, D. (2009). Constructing a second language: Analyses and computational simulations of the emergence of linguistic constructions from usage. Language Learning, 59, 90–125.
Kashiwagi, K. (2019). Early adolescent learners' noticing of language structure through the accumulation of formulaic sequences: Focusing on increasing the procedural knowledge of verb phrases, 1 -403. Ph.D. thesis, Kyoto University doi/10.14989/doctor.k21866
Shishido, T., & Kashiwagi, K. (2020). A reflective practice for improving teacher students' abilities in conducting CLIL in physical education classes in an overseas teaching project, *The Journal of the Japan CLIL Pedagogy Association* (*JJCLIL*), *2*, 92-109.

＊前出の文献は次頁では省き，重複を避けた。

【執筆者紹介】　＊執筆順　＊所属は執筆時

柏木賀津子　　編著者

伊藤由紀子　　編著者

中田　葉月　　寝屋川市立小学校教諭　大阪教育大学教育学修士　元教育委員会指導主事 J-CLIL 理事 CLIL × ICT で楽しい授業を

島﨑　圭介　　大阪府堺市立中学校教諭　大阪教育大学大学院在学中　思考を高めつつ言語スキルを高めるカリキュラムマネジメントと授業デザインに興味あり

宍戸　隆之　　東北学院大学教授　東北大学博士（医学）　体育授業を観察・評価し，よりよい体育授業を創る

松田　静香　　大阪市立中学校教諭　大阪教育大学教職修士　学びに向かう力・反転授業の研究　一緒に研究してくれる方募集中！

松井　祐　　大阪教育大学准教授　美術・工芸教育　日本の伝統工芸や伝統文化の研究 ものづくりワークショップの実践研究　版画制作

工藤　泰三　　名古屋学院大学准教授　M.A. in TESL J-CLIL 西日本支部副支部長 SDGs×英語教育で世界平和に貢献を！

森田　琢也　　大阪府立箕面高等学校首席　大阪府高等学校英語教育研究会事務長　J-CLIL 西日本支部運営委員　晴れ男です

白井　龍馬　　横浜女学院中学校高等学校教諭　英語科主任　慶應義塾大学経済学部　バスケットボール部顧問　J-CLIL 中高支部代表

仲矢　史雄　　大阪教育大学科学教育センター教授　東京工業大学理学博士科学教育　動物生理学　理科教育・支援教育 ICT 開発

久井田直之　　日本大学経済学部准教授　M.A. in Philosophy　専門は英語語彙分析・コーパス言語学　経済教育学会事務局長（理事）

【編集協力】　＊所属は執筆時

竹内ニコール　　大阪成蹊大学非常勤講師　Imagine 英語教室主宰

【編著者紹介】
柏木　賀津子（かしわぎ　かづこ）
大阪教育大学　教授
京都大学　学術博士　教師経験19年　第二言語習得理論・用法基盤モデル・CLIL・小中連携の英語が専門　ユバスキュラ大学客員研究　小学校教育学会常任理事　日本 CLIL 教育学会（J-CLIL）副会長　開隆堂 Junior Sunshine 執筆副編集

伊藤　由紀子（いとう　ゆきこ）
大阪成蹊大学　准教授
大阪教育大学　教育学修士　元公立中学校英語科教諭　教育センター所員　専門は英語教育法　音声重視の文法指導・伝統工芸 CLIL・ESD に興味あり　J-CLIL 西日本支部運営委員　自家栽培野菜と薪ストーブのある暮らしが好き

とっておき！魅せる！英語授業プラン
思考プロセスを重視する［中学校・高校］CLIL の実践
教科の学習内容を深め，英語力を磨く指導法

2020年11月初版第1刷刊 ©編著者　柏木賀津子
伊藤由紀子
発行者　藤原光政
発行所　明治図書出版株式会社
http://www.meijitosho.co.jp
（企画）佐藤智恵（校正）芦川日和
〒114-0023　東京都北区滝野川7-46-1
振替00160-5-151318　電話03(5907)6703
ご注文窓口　電話03(5907)6668

＊検印省略　組版所　長野印刷商工株式会社

Printed in Japan　ISBN978-4-18-387713-0